四川省社会科学研究“十三五”规划一般项目（批准号: SC18B022）

四川省体育产业

优化发展路径研究

万　宏／著

SICHUANSHENG
TIYU CHANYE
YOUHUA FAZHAN LUJING YANJIU

电子科技大学出版社
University of Electronic Science and Technology of China Press
·成都·

图书在版编目（CIP）数据

四川省体育产业优化发展路径研究 / 万宏著. —成都：电子科技大学出版社，2022.8

ISBN 978-7-5647-9826-0

Ⅰ. ①四… Ⅱ. ①万… Ⅲ. ①体育产业-产业结构优化-研究-四川 Ⅳ. ①G812.771

中国版本图书馆 CIP 数据核字（2022）第 137353 号

四川省体育产业优化发展路径研究

万　宏　著

策划编辑　谢应成　曾　艺
责任编辑　谢应成

出版发行　电子科技大学出版社
　　　　　成都市一环路东一段 159 号电子信息产业大厦九楼　　邮编　610051
主　　页　www.uestcp.com.cn
服务电话　028-83203399
邮购电话　028-83201495

印　　刷　成都市火炬印务有限公司
成品尺寸　170 mm×240 mm
印　　张　6
字　　数　106 千字
版　　次　2022 年 8 月第 1 版
印　　次　2022 年 8 月第 1 次印刷
书　　号　ISBN 978-7-5647-9826-0
定　　价　28.00 元

前　　言

“十三五”以来，四川省体育发展稳步向前。到 2025 年，许多国际国内大型赛事的落户将极大地带动四川省体育产业发展，形成引领西部体育产业发展新局面。新时代我国体育产业转向高质量发展阶段。体育产业作为朝阳、绿色产业，已成为社会经济发展的新动能。大力发展体育产业有利于促进四川省经济转型发展，并能满足人们多元的体育需求，成为人们美好生活的重要组成部分。现阶段，四川省体育产业发展过程中的不平衡、不充分现象仍然存在，使四川省体育产业仍在中低水平徘徊，一定程度上制约体育产业的高质量发展。如何合理开发和利用现有的优势资源，优化和延伸体育产业价值链，形成市场竞争优势是当前亟待解决的重大问题。鉴于此，课题组成员对四川省体育产业发展现状进行了深入调研，剖析体育产业价值链各环境价值创造能力，发现高利润区，调整产业链结构，提升四川省体育产业发展的市场竞争力。

本书主要分为以下四部分。

第一部分为绪论。宏观阐释本书的迫切性、必要性以及价值所在。明确研究对象和方法，全面审视研究重难点和创新点，为下一步研究奠定基础。

第二部分为文献综述。检索和研读国外和国内（1992—2020 年）体育产业领域相关研究，总结梳理体育产业研究的成果和前沿热点，为本研究进一步厘清研究思路，同时为研究提供理论支撑。本书以价值链理论和供给侧结构性改革理论为基础，对四川省体育产业发展各环节进行了分析。

第三部分为结果与分析。该部分为本书重点。对四川省体育产业发展历史溯源、现状分析、存在的问题进行研究，并展望未来发展。国内东部部分省份和发达国家（美国、英国等）体育产业发展区域成熟，体育产业市场主体多元化，产业体系完善，体育产业增加值稳步增长，对四川省体育产业的发展提供启示；对四川省体育产业的历史发展阶段进行梳理，可分为三个发展阶段，即起步阶段（1989—2000年）、发展阶段（2001—2009年）、腾飞阶段（2010年至今）；四川省体育产业发展仍然存在以下问题：市场主体缺乏多元化、产业规模总量小、结构不太合理、运营大型体育场馆能力差、体育产业高素质人才匮乏、自主体育产业项目品牌化程度较低、体育产业竞争力不够、部分区域体育观念落后与产业意识不强等问题；未来发展中，体育产业结构和空间布局趋于合理化，大型体育赛事、体育彩票产业、体育用品产业、户外体育产业等将成为体育产业重要的要素，产业融合和区域协同向纵深发展，助力四川省体育产业形成竞争优势，呈现出持续、健康发展的局面。

第四部分为结论与建议。对本书全过程进行梳理，对本书成果进行总述。

本书在撰写过程中，参阅了大量文献，对被引用文献的作者表示最诚挚的谢意！同时，对本书中受访的四川省体育相关部门的主要负责人、高校体育产业领域专家和学者、体育相关企业主管人员表示最诚挚的谢意！受撰写者水平、经验、时间所限，书中难免有错误和疏漏之处，恳请同行和读者批评指正。

万　宏

2021年12月

目　录

1 绪　论

1.1 问题的提出

体育已成为人类社会生存发展中重要的组成部分。新时代，体育提供给人民健康的同时带来快乐，成为人们追求美好生活的重要组成部分[1]。社会经济的快速发展，人民经济收入大幅度增加，总体消费水平不断提升，人们在满足物质需求之余更为追求健康、刺激、愉悦、社交等精神享受，呈现出强烈的体育消费意愿，这也促使体育产业规模不断扩大。

我国经济的发展形势正在发生变化，逐步转向高质量发展阶段。西方发达国家的体育产业发展模式已成熟，体育产业已成为国家经济重要的组成部分。我国体育产业增加值占 GDP 不超过 1%，这也表明我国体育产业仍有较大的发展空间。2014 年，国务院发布了《关于加快发展体育产业促进体育消费的若干意见》（以下简称“46 号文件”），提出了“到 2025 年基本建立一个布局合理、功能完善、门类齐全的体育产业体系”，明确了未来十年体育产业发展目标。《体育强国建设纲要》也指出，“到 2035 年体育产业要发展成为国民经济支柱性产业”。国家政策的出台，释放了大量体育产业发展的利好信息，体育产业成为炙手可热的投资领域，使体育产业朝着朝阳、绿色、幸福产业发展。借助利好政策的东风，依托我国人口基数大和互联网，促使我国体育产业发展体系不断制度化。

四川省体育产业在西南地区发展势头相对较好，具有引领西部体育产业发展的趋势。四川省是西南地区唯一拥有国家体育产业示范基地的省份（成都市武侯区被命名为“2019 年国家体育产业示范基地”）。《四川省体育事业发展“十三五”规划》中指出要加快落实体育强省战略，深化重点领域改革，推动四川体育产业全面协调可持续发展。“十三五”期间，四川省出台“1+5”政策体系，推动全省体育产业发展进入快车道。2020年，全省体育产业总规模为1734.02亿元，实现体育产业增加值648.02亿元，增加值以年均22%的增速快速增长，体育产业增加值占全省地区生产总值的比重由“十二五”末的0.8%提升到“十三五”末的1.33%，人均体育消费支出达到1753.01元。“十四五”期间坚持“111335”体育产业发展思路，将推动体育产业高质量发展、产业结构和空间布局不断优化、市场主体进一步壮大、体育消费不断扩大作为四川省体育产业发展目标。成效背后仍然存在体育产业管理体制机制改革不到位、产业结构不合理、产业区域发展不均衡、产业人才数量与质量不高、新经济常态下体育产业转型升级效果不显著、个别部门在推动体育产业体制机制上改善不到位，未能形成成熟的多部门联动体系等诸多问题。与东南地区相比，四川地区体育产业的发展规模和水平、体育产业总值、增加值比重、体育相关消费额、体育产业从业人员总体人数和体育场馆设施数量都略显落后。但成都市成功申办第31届世界大学生运动会、2022年世界乒乓球团体锦标赛、2024年汤姆斯杯暨尤伯杯赛、2025年世界运动会等大型国际赛事，不仅能建设一批大型的体育场馆，还能极大地促进人民群众的体育参与，带动更多的体育消费，传播城市文化，带动城市经济发展，为四川省体育产业发展带来了新的发展机遇。

鉴于此，对于如何优化四川省体育产业结构，充分调动社会资本参与的积极性，合理配置体育资源，形成产业体系完善、产业结构合理、产业空间布局不断优化、市场主体不断壮大、体育消费不断增强的体育产业发展局面的研究显得意义重大。故本书将优化体育产业发展作为研究内容，运用体育学、经济学、传播学等多学科知识，从四川省体育产业发展的实际出发，贯彻新发展理念，以价值链理论、供给需求理论为基础，以提升各环节的竞争优势，优化体育产业结构为目的，发挥现有优势，填补产业发展短板，推动四川省体育产业高质量发展。

1.2 研究目的和意义

1.2.1 研究目的

（1）调研四川省体育产业发展现状，深入探讨体育产业发展中的优势和不足，同时梳理国内外体育产业发展较好地区或国家的成功经验，打造符合四川省体育产业发展的模式，为优化体育产业发展提供理论支撑以及路径的可行性与必然性。

（2）在“体育强国”的国家战略下，通过对四川省体育产业进行优化发展，为中西部其他薄弱区域提供相应的理论与路径支持，牢牢抓住时代契机，为实现国家战略提供全面参考。

（3）从政府、市场、社会方面制定体育产业发展体制机制，规范各主体参与体育产业，形成政府部门联动、以市场为导向、社会力量积极参与供给的体育市场体系。

1.2.2 学术价值

体育产业作为朝阳产业、绿色产业和幸福产业，受到国家和社会的高度重视，也成为学术界研究的热点。专家学者的研究集中于体育产业增长效益、竞争力评价、政策解读方面，同时研究的区域多集中在我国发达地区。四川省作为西南地区经济较发达省份，其体育产业的发展优势和不足并存，通过对四川省体育产业结构的调整和优化，不仅可拓宽体育产业理论研究的深度和广度，引领对区域体育产业结构升级的研究向学术前沿靠拢，同时对于完善我国体育市场体系有重要的意义和学术价值。

1.2.3 应用价值

对于区域体育产业发展的研究，更加有助于厘清不同地域体育产业发展的现实困境，提出针对性的调整改革策略，促进全国体育产业繁荣发展。

四川省体育产业发展过程中显示出其独特之处，同时也存在短板。深入研究各领域发展现状，及时调整和优化产业结构，促使体育产业持续快速发展，成为地区新的经济增长点，同时还能为国内其他省份提供四川方案。

1.3 研究对象和方法

1.3.1 研究对象

本书基于国家经济转型，体育产业蓬勃发展的背景下，以四川省体育产业优化发展的路径为研究对象，全方位地剖析当前四川省体育产业发展现状及存在的问题，构建优化发展路径，促进我国区域体育产业持续健康稳定发展。

1.3.2 研究方法

1.3.2.1 文献资料法

利用中国知网期刊全文数据库，以“体育产业”为篇名途径检索，有核心期刊论文 1800 余篇；再加上限定词“四川省”只有 28 篇相关文献。体育产业是学界研究的热点，区域体育产业的研究相对集中于经济发达的城市，对四川省的研究相对较少，成果不丰硕。通过深入研读文献资料，找出关于体育产业优化发展路径的各类观点，为确定访谈内容提供理论借鉴，为本研究提供理论支撑。同时，通过中华人民共和国国家统计局、中华人民共和国国家体育总局、四川省统计局、四川省体育局官网和《四川体育年鉴》查阅体育产业发展相关数据。

1.3.2.2 专家访谈法

根据研究实际，选取四川省体育相关部门的主要负责人、高校体育产业领域专家和学者、体育相关企业主管人员等作为访谈对象（见表 1-1 所列），通过集体和个别访谈、电话或邮件形式访谈咨询国内体育产业领域专家，听取对现阶段我国体育产业发展整体趋势和区域体育发展的优势和困境的看法，为本书提供一定的借鉴和思路。

表 1-1　访谈对象一览表

访谈对象	工作单位	研究领域 / 从事的工作	从事相关工作年限（年）
王××	成都体育学院	社会体育	40
柳××	成都体育学院	体育产业与经济	39
王×	四川省体育局	体育产业与管理	26
周××	四川金强篮球俱乐部	职业俱乐部经营	18
程××	成都体育学院	体育产业与管理	34
柳×	成都体育学院	体育经济管理	24
乐××	成都市篮球协会	体育产业与管理	15
许×	四川旅游学院运动与休闲学院	体育产业与运动休闲	20
向×	四川大学体育学院	体育产业与经济管理	23

1.3.2.3　比较分析法

国内体育产业发展迅速的东部地区部分省份和美国、英国等发达国家体育产业发展成功经验对四川省体育产业发展的研究有极大的参考价值。研究中深入分析国内外体育产业发展模式，结合目前四川省的具体实际，进而探索其中的关联之处，制订四川省体育产业的发展路径。

1.3.2.4　实地调研法

从研究内容出发，制订调研计划，实地调研省内一些体育企业、大型体育场馆等市场运营、管理、盈利情况，掌握第一手的相关资料。课题组于 2019 年 7 月前往凉山州喜德县调研当地火把节情况，了解民族传统体育与地方旅游业融合发展现状。在 2019—2020 年，前往攀枝花、阿坝藏族羌族自治州等地，调研康养、户外运动、冰雪运动等开展情况以及体育产业与地方相关产业融合发展现状。

1.3.2.5 逻辑分析法

对国内外体育产业发展模式成熟的典型案例进行分析、归纳和整理，揭示国内外体育产业发展过程中的系统逻辑，为四川省体育产业的高质量发展提供参考。

1.4 研究的重点、难点和创新点

1.4.1 研究的重点

体育产业在体育强省战略中起着决定性作用。四川省独特的自然生态和人文环境为体育产业的发展提供机遇，如何进行融合是研究的重点。本书重点分析现阶段四川体育产业发展的短板，探索多领域融合发展的新路径，借助国家的利好政策以及体育产业自身具备的巨大潜力，针对各个地区发展的不同状况，优化体育产业结构，形成持续的市场竞争优势。

1.4.2 研究的难点

体育产业涉及面较广，内容丰富，若从宏观制定发展路径需结合地区实际情况，做到因地制宜，如何将所得经验与方法推动我国各地区体育产业的进一步发展是本书研究的难点。同时四川省是多民族聚集地，各民族有独特的文化习俗和民族体育活动，因此在优化体育产业结构过程中因地施策是提升产业链各环节竞争优势的重要途径，在相关数据的搜集方面也是本书的难点。

1.4.3 研究的创新点

目前体育产业的研究趋向于宏观层面，对区域体育的研究也趋向于宏观发展战略制定，国内体育事业发展不平衡，各区域存在的问题大相径庭，宏观研究我国体育产业的发展不能完全满足区域体育产业发展需要。本书立足四川体育产业现状，通过与欧美发达国家和国内东部地区省份进行对比，找出差距和不足之处，找到发展缓慢和不均衡的原因，借鉴其成功的经验，为四川省体育产业制订切实可行的发展模式。通过深化体育管理体制改革，增强体育产业发展活力，优化产业结构，完善产业布局，培育体育市场环境，挖掘体育资源开发，培养高素质体育专业人才等方法来优化四川体育产业发展路径。

2 文献综述

以“体育产业”为关键词，在中国知网检索到相关文献7632篇。从文献研究的总体趋势来看（如图2-1所示），国内最早对体育产业的研究出现在1992年。20世纪90年代初期，我国经济体制开始转型，开启了社会主义市场经济时代，原国家体委顺应时代发展，将体育产业作为深化体育改革的重要事项进行，1992年，“红山口会议”后，足球项目率先开展职业化改革，掀起了国内运动项目职业化改革的热潮，学者对我国体育产业的研究自然开始了。2008年和2014年是两个重要的时间节点，国内体育产业的研究成果丰硕。2008年，北京奥运会的成功举办，人们的体育意识逐渐增强，体育消费逐渐增加，体育产业大跨步地前进。2014年，随着46号文件的发布，体育产业市场又一次被激活，国家政策的支持促使社会资本纷纷融入体育市场，给体育产业带来了巨大的发展空间，同时体育市场结构逐步多元化，逐渐形成了以竞赛表演业和健身休闲业为核心，以体育用品业为支撑，体育场馆、体育培训、体育中介、体育传媒、体育旅游等快速发展的态势。但体育产业热的背后也存在产业结构不合理、区域发展不均衡、盈利模式不清晰、赛事运营水平低、体育产品和体育服务质量不高、体育产业专业人才匮乏等诸多问题，体育产业的研究再次成为学界的热点。因此，对于体育产业研究成果的梳理，有助于进一步厘清研究思路，同时为研究提供理论支撑。

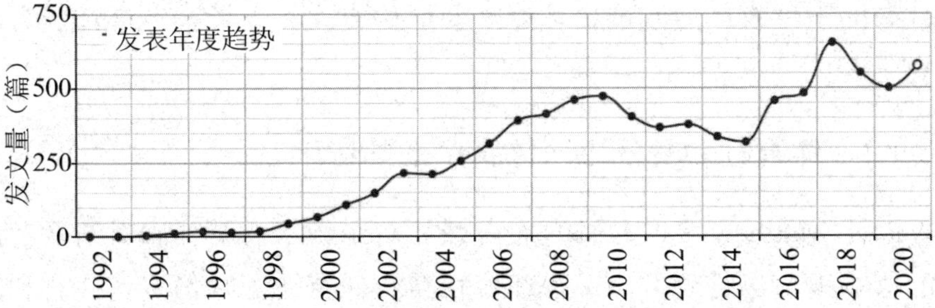

图 2-1 体育产业研究总体趋势图

2.1 国外体育产业研究述评

20 世纪 80 年代开始，体育产业受到国家高度重视，在外部环境保障的基础上，体育产业在国内迅速发展起来，体育产业总规模和增加值逐年递增，已成为国民经济新的增长点，国家 GDP 中占比增大。体育产业受到学者的广泛关注，成为学者研究的热点。

2.1.1 从体育竞赛表演业等层面分析

Vamplew[2]通过对英国苏格兰足球产业的研究，进一步阐述了国家体育产业政策、社会经济环境对体育产业的影响；Ronald 等[3]借助工业市场的价值定价方法来分析四个职业体育联盟（足球、棒球、篮球和曲棍球），四个联盟中绝大多数经营团队都采用价值定价的方法对赛事进行运营来获取经济利益；Florian Hemme 等[4]从过程视角对美国健身产业中体育创业情况进行研究，研究揭示创业者如何在一个非传统产业中制定发展战略，并形成竞争优势，最后建议加强对体育的管理。

2.1.2 社会发展对体育产业的影响研究

以日本学者 Oga，J[5]为代表的学术研究者以国内经济波动对体育产业的影响为视角，深入探索体育产业的价值，研究结果表明体育产业的价值取向受经济波动的影响；Steven Salaga 等[6]指出竞争平衡是吸引球迷的重要因素，有助于体育产业发展，体育产业结构变化将受社会经济和国家政策的影响。

2.1.3 体育社会责任感对体育产业的影响

Walker Matthew 等[7]从体育企业或体育组织社会责任感对消费者消费意愿的影响视角进行研究，发现体育社会责任感会影响消费者往有利的方向转变，进而促进体育企业或组织的发展，是企业总体商业战略中重要的一部分；Walters Geoff 等[8]则借鉴利益相关者理论，以英国足球产业作为研究对象，研究证明了企业社会责任感以及对应的利益相关者管理对体育产业的理论和实践价值；Vaidya S G 等[9]分析体育赛事赞助商对社会的影响。烟草企业赞助体育赛事会使儿童对烟草产生错误的认知，更早地开始接触烟草，严重影响儿童发展。

2.2 国内体育产业研究述评

近年来，国家非常重视发展体育事业，将体育产业发展作为新的经济增长点来调整经济结构，成为推动经济社会持续发展的重要力量。体育产业也在脱贫攻坚道路上贡献力量。一时间体育受到各领域的广泛关注，社会资本纷纷投资体育领域，体育产业成为经济发展的重大热点，国内学界也开始关注其发展，将如何促进体育产业发展作为研究重点。

2.2.1 对体育产业发展战略的研究

从图 2-2 中可看出，体育产业发展战略的研究成果年产量相对平稳。学者的研究绝大多数在国家重大战略举措实施，如全面建设社会主义现代化国家、体育强国、“一带一路”全民健身、“互联网+体育”、区域体育产业协同发展、奥运会等背景下对国家或地区体育产业发展宏观战略进行研究，这也是目前学界热点研究范式。

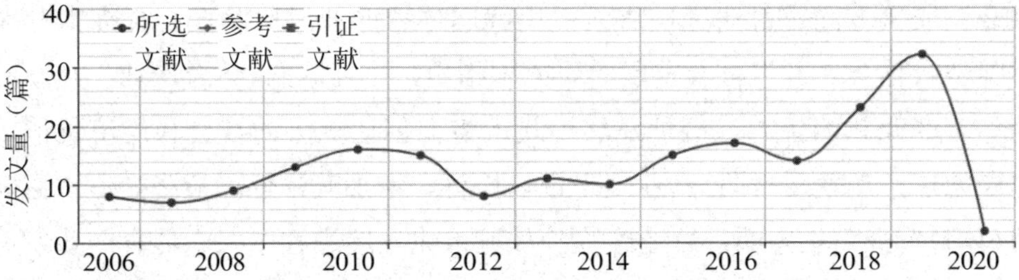

图 2-2　体育产业发展战略研究总体趋势

关键词是研究内容的高度提炼，关键词出现频率与研究的热度呈正比。将检索到的文献导入可视化分析软件，设定关键词频率为 10，得到关键词图谱（如图 2-3 所示）。从关键词图谱中可直观看出，休闲体育、体育用品、健身娱乐、竞赛表演业、体育旅游、群众体育等出现频率较高。

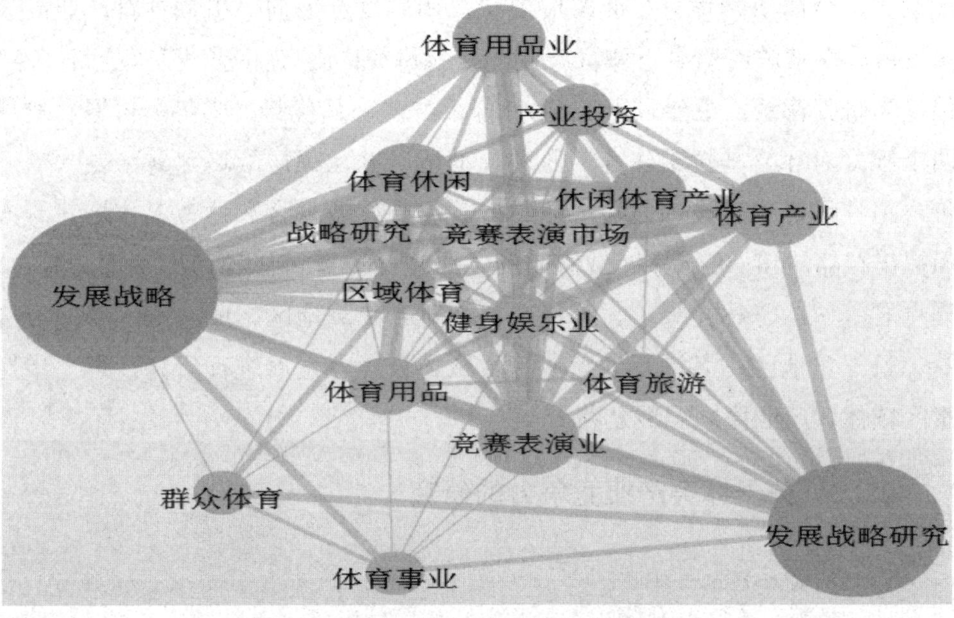

图 2-3　体育产业发展战略研究关键词图谱

如杨强[10]对我国体育产业发展存在的问题进行深度探讨，并对我国体育产业的改进提出了战略优化组合；黄海燕等[11]深入分析“十三五”期间我国体育产业发展的基本情况，并重点对深化重点领域改革、发展重点业态、优化产业结构、改善产业布局、培育市场主体、促进体育消费、促进融合发展等方面进行研究，进而提出我国体育产业发展路径；张森木[12]对“互联网+体育产业”融合发展的研究中指出，“互联网+体育产业”是新时期体育产业新的生态，这种发展模式下将会创造更大的社会和经济价值，建议创建“互联网+体育产业”平台，培育、增加其黏性、最终打造“互联网+体育产业”生态圈；吕艳玲等[13]从城市化发展进程中探索体育产业发展路径，借助 E-G 两步法对城市化和体育产业的逻辑关系进行分析，结果显示城市进程与体育产业发展呈线性关系，并指出体育产业要在城市化的进程中加快发展，稳步推进区域体育产业发展，形成政策合力；国家体育总局赵勇[14]从政府工作的角度，对我国体育产业发展的意义、形势、思路、困境、政府策略等方面进行详细论述，指出要充分认识体育产业发展的时代意义，全面研判体育产业发展现状，明确发展方向，引领体育产业高质量发展，探索政府引导下体育产业发展新路径；王兴怀等[15]以“一带一路”倡议为研究背景，主要采用 SWOT 分析方法，从优势、劣势、机遇、挑战四个维度对环喜马拉雅体育产业进行剖析，并从顶层战略部署、融入“一带一路”经济带建设、完善产业结构、促进产业融合和体育人才培养等方面提出战略对策。在国家区域协同发展战略背景下，钟华梅等[16]、廉涛等[17]、周良君等[18]、陈林会等[19]、李艳荣等[20]对京津冀地区、成渝地区双城经济圈、长三角地区、粤港澳大湾区等区域体育产业发展进行研究，进一步探索区域体育产业协同发展之路。

2.2.2　关于体育产业竞争力的研究

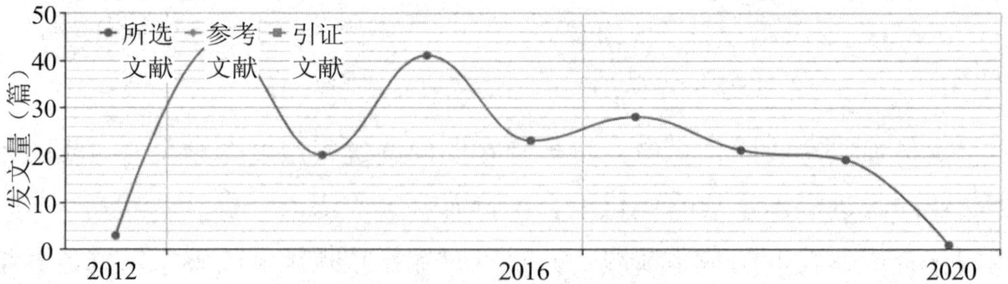

图 2-4　体育产业竞争力研究总体趋势

如有些学者以体育产业核心竞争力的视角为着力点，探索强化产业链的现实路径，研究成果丰硕（如图 2-4 所示）。卢金逵等[21]借鉴波特提出的“钻石模型”，对我国 8 个省市的区域体育产业竞争力进行实证分析，得出竞争力的区域层次；汪晓琳等[22]以文化产业竞争力研究成果为基础，构建体育文化产业竞争力指标体系，实证研究中得出东强西弱的区域差异；任波等[23]运用“钻石模型”和指标评价体系构建原则，构建我国体育产业竞争力评价指标体系，研究结果表明体育产业竞争力与经济发展水平呈线性相关，指出目前体育产业发展仍然存在不足，提出了相应的整改建议；孙玉金[24]从优化体育产业布局的视角出发，采用物元模型，构建评价体系对天津市体育产业竞争力水平进行测试，力争为体育产业可持续发展提供宏观管理理论指导。云峰[25]的研究指出，与发达国家体育产业发展相比，我国的差距仍然很大，但我国体育产业核心竞争力潜力大，如何使这种潜力得以变现是我们研究的重点，建议营造成熟、规范的体育消费市场，发挥职业体育优势，跨领域合作，拓宽产业面。

2.2.3 关于体育事业投入与经济增长的研究

对体育事业的投入带来的经济增长也是体育产业领域研究的重点，研究成果总体上呈现上涨趋势（如图 2-5 所示）。

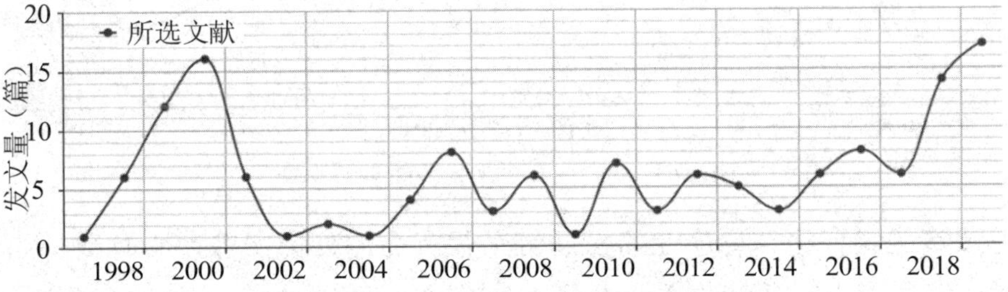

图 2-5　体育产业与经济增加研究的总体趋势

如曾鸣[26]采用 1995—2011 年体育事业投入的时间序列数据，对我国体育事业投入与 GDP 之间的长期均衡和短期动态关系进行了实证分析，结果表明：体育事业投入会促进社会经济的发展；肖琴[27]搜集我国 31 个省（区、市）面板数据，运用前沿非线性 PSTR 方法构建模式分析，指出体育财政投入对经济发展水平的影响是非线性的。我国体育财政投入对经济发展水平影响差异化较严重，建议在规划体育财政投入时，要充分考虑地区现有资源和地区差异，达到合理配置资源的效果；张易等[28]的研究从实证的角度选取 1990—2015 年相关数据进行计量检验，结果显示体育事业不同领域受经济发展的影响不同，经济发展仅对竞技体育成绩有影响。根据研究出现的现象针对性提出相关建议；江小涓[29]对我国职业体育产业进行深入研究，得出职业体育带来的经济增长源于快乐、健康，同时职业体育有经济和社会双重价值，应充分给予重视；柳畅等[30]的研究从满足人民日益增长的多元体育需求出发，研究群众体育事业财政投入效率。研究显示，2013 年以后，中部地区投入效率优于全国，但各省之间仍然存在不同的问题，建议持续加大体育财政投入力度，政府购买公共服务，建立绩效评价机制来提升体育财政投入效率。

2.2.4 关于体育产业政策的研究

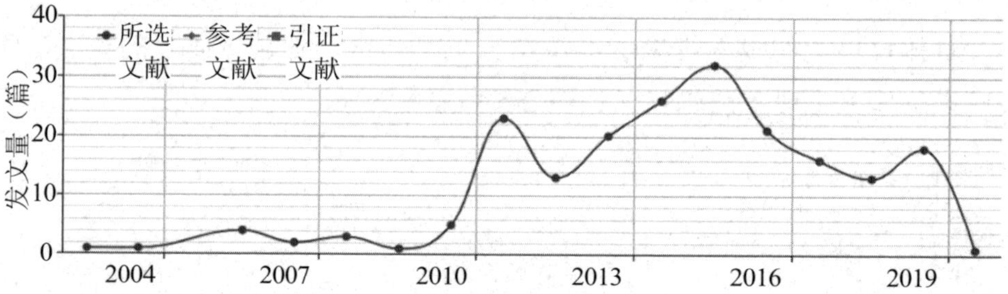

图 2-6 体育产业政策研究的总体趋势

政策的出台给体育产业的发展带来强有力的外部保障，同时政策的出台实施从宏观上引导体育产业发展。我国在 20 世纪 90 年代初期出台的《关于加快发展第三产业的决定》中明确指出，在未来的发展中，将发展体育产业的重点转移到推动体育事业向产业化发展上来，至此我国体育产业逐步发展起来。改革开放 40 多年，国家层面、地方层面不断颁布鼓励体育产业发展的政策文件，给予我国体育产业发展宏观引导，每项政策在特定的历史时期都发挥出重要的作用。对于体育产业政策的梳理，一定程度上有助于更好地把握我国体育产业发展方向，因此体育产业政策的研究也自然成为学者关注的焦点。从图 2-6 中可看出，2010—2019 年体育产业政策研究成果持续高产。

姜同仁[31]从新常态推动体育产业政策调整的视角出发，研究新需求下传统体育产业政策存在的桎梏，进而加快体育产业政策调整步伐，并建议地方政府主动对接国家政策要求，出台目标清晰、任务贴合实际、措施更加有力的政策，助推体育产业跨越式发展；2014 年，46 号文件发布后，体育产业成为热门领域，各领域纷纷争夺体育市场资源，极大地促进体育产业的发展，同时也成为学术界对体育产业研究的前沿和热点，如学者余守文等[32]采用政策内容分析法，对 46 号文件进行量化分析，结果显示该政策中对知识产权保护少、咨询服务处于劣势，同时政府体育采购不足，因此针对性提出建议；龙盈利[33]从体育产业政策的有效性视角研究 46 号文件，借助模糊层次综合评价方法，从政策决策、政策实施、政策效果三个方面分析我国体育产业政策的有效性，研究结果显示现有政策有效性仅处于中等水平，进而从分析的三个维度分别提出调整建议；林建君等[34]、易剑东等[35]以政策研究中的史密斯模型为基础，采用层次分析法、模糊综合评价等量化方法进行探索性评价，揭示传统体育产业政策执行效果。

小结：在对文献的梳理和研究中发现，国外学者对体育产业的研究视角集中于体育产业增长效益、周边产业的带动等方面。国内学界的相关研究集中于产业宏观发展战略、产业竞争力、区域体育产业供给以及对国家政策的解读等视角，体育产业链各环节中具体的优化路径涉及较少。目前各地区体育产业发展规模、产业体系、产业结构、产业质量、产业政策等方面存在较大的差异，发展水平参差不齐，除东部地区外，其余省市体育产业发展相对滞后。对四川省体育产业的全面审视，有助于发掘体育产业发展中存在的问题，厘清四川体育产业发展脉络，结合四川省省情，从全产业链视角探索优化路径。

2.3 研究的理论基础

2.3.1 价值链理论

价值链理论由哈佛商学院波特教授于 1985 年提出。波特认为互不相同又相互关联的生产经营活动构成一个创造价值的动态过程，即价值链。企业从生产到最终产品送至消费者这一过程中，一系列活动构成了价值链中的各要素，该价值创造过程中可划分为基本活动和辅助活动两类。将价值链作为一种分析工具，有利于企业战略的全面分析，在实际分析中涵盖企业外部价值链分析（包括供应链和顾客链分析）和内部价值链分析（包括研发、生产和营销分析）。价值链理论提出之初，关注点主要集中在制造业，重点分析制造业中单独企业的价值创造过程以及在同行业中如何获得竞争优势。服务业中引用价值链理论的研究相对较少。体育产业作为特殊的服务行业，其市场生存的本质在于价值创造。通过对价值创造各环节进行全面的分析，识别并优化体育产业链中的核心环节，提升市场竞争力和竞争优势。同时借助价值链理论，制定区域体育产业今后的发展战略。

通过借鉴价值链理论，本研究将体育产业的价值链分为生产价值链、渠道价值链和消费价值链（如图 2-7 所示），各价值环节相互协作，共同构成体育产业价值链。生产价值链部分强调设计生产的体育物质产品和体育服务的量，该部分处于价值链上游生态位，属于体育产业核心环节。目前四川省体育产业总体规模不断扩大，但体育竞赛表演活动、体育场地、体育中介等体育服务业占比较小。生产多样化的体育产品和体育服务、推动体育产业与其他领域的融合发展是四川体育产业发展方向。渠道价值链是指生产的体育用品和服务通过一定渠道最终到达消费群体的过程。精彩的体育赛事、体育产品、公共体育服务、体育场地、体育教育培训、体育健身等满足人们的体育需求是优化渠道价值链的目标导向，也是此环节的重要内容。人们的体育消费意识和体育消费能力是消费价值链环节的重点，也是体育产业发展壮大的根本。四川省人口数量大，地域文化使四川成为休闲之处，人们闲暇时间参与体育活动积极性高。若满足人们多元体育需求，并带来良好的体验感，将极大地刺激人们体育消费和提升消费价值链价值。对各价值环节进行优化就将形成竞争优势，加速四川体育产业繁荣发展。

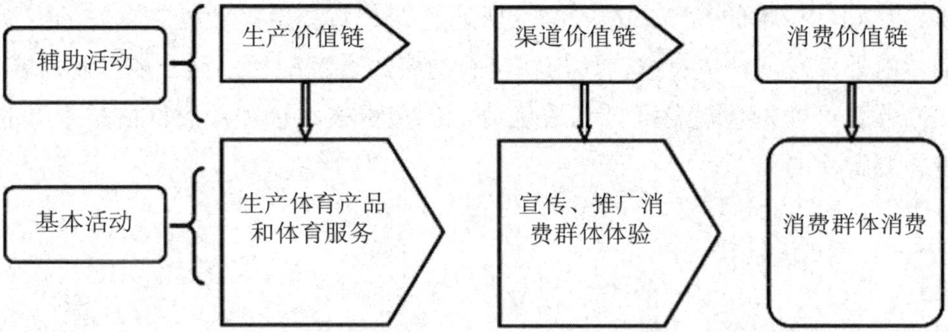

图 2-7　体育产业价值链模型

2.3.2　供给侧结构性改革理论

国家全面分析经济发展形势，为优化经济结构，实现各要素最优配置，2015 年，提出供给侧结构性改革，以此来保证经济增长的质量和数量，重点解决由供需不匹配而导致服务业发展受限的问题。投资、消费、出口是需求侧改革的重点，供给侧则涵盖劳动力、资本、制度创新等多种要素。体育产业作为朝阳、绿色产业受到国家的重视和大力支持。2014 年，国务院发布《关于加快发展体育产业促进体育消费的若干意见》后，极大地刺激和带动国内体育产业的发展。随着各个体育项目的职业化改革不断深入，很大程度上推动了我国体育产业的发展进程，同时也带动竞赛表演业、健身娱乐业、体育用品生产等相关领域的共同发展。体育产业作为国民经济新增长点主要体现为：规模不断扩大、发展速度较快、产业结构不断完善、体育休闲业的蓬勃发展、竞赛表演种类多、体育用品业不断转型升级、体育产业领域不断拓展等方面。供给侧结构性改革对体育产业的发展具有重要的导向作用，在发展过程中大力推动体育行业与其他行业有力结合，可以有效地促进各行各业共同发展，从而提高社会整体的供给和消费能力，提高体育产业的创新能力。目前四川省体育产业需求层面表现出人口基数大、人均收入稳步提升、参与体育人数多，追求精神享受、互联网使用人数多，同时政府关注民众体育需求；供给层面表现出社会资本有强烈的投资体育领域的欲望、政府相关政策的发力支持以及努力创造良好的体育环境、互联网技术的高度发达。综上所述，四川省体育产业处在良好的发展期，内外部发展环境良好，如何将享有的资源合理配置，融合多产业发展，提升体育产业价值链各环节竞争优势，创造更多经济和社会价值是本书的着力要解决的问题。

3 结果与分析

3.1 国内外体育产业发展经验分析和借鉴

3.1.1 国内东部省份体育产业发展经验分析

研究中所指的“东部省份”是依据郭凡生等提出的关于我国“东部省份”的界定，即京、津、辽、冀、沪、鲁、苏、浙、闽、粤、琼11省市[36]。其中除去海南省、河北省以外，各省体育产业发展在全国排行都位居前列。数据统计显示，江苏、浙江、北京、广东、山东、辽宁、上海7个省市的体育生产总值占到全国69%。江苏、浙江、上海体育产业增加值年平均增长率和增加值占地方GDP的比重遥遥领先于全国其他省、区、市。同时，根据《体育事业统计年鉴》的数据，2013年，东部发达地区11个省、市的政府群众体育财政投入之和占全部政府群众体育财政投入的52.42%，欠发达地区20个省、区、市的政府群众体育财政投入之和不足总量的50%，而且这一比例还有进一步下降的趋势[37]。

3.1.1.1 东部地区体育消费

学者对于“体育消费”的研究趋于一致，指出体育消费是人们参加体育活动过程中产生的个人消费行为。人们在参加体育活动中有意愿进行消费，如购买门票观看体育赛事、购买体育装备、参加有偿的健身活动等，人们在体育消费中得到精神和物质层面的满足，进一步增强其体育消费意愿，也将促进体育产业发展。东部地区体育产业的发展与其地区的全民经济收入、体育健身意识、体育社会文化程度都是紧密相连。随着东部地区居民经济收入的提升，人均体育消费逐渐提高，上海、江苏等发达省市人均体育消费超过2000余元，体育消费水平不断攀升，消费结构趋于合理。除了体育用品消费外，付费观看赛事、体育旅游、体育休闲活动消费所占的比重也越来越大。女性和青少年也逐渐成为体育消费的主力军。伴随现代信息技术的快速发展和受新冠肺炎疫情的影响，居民体育消费的方式和场景也发生改变，移动客户端、PC端已成为人们体育消费的重要渠道。同时，体育服务类App（如，体育活动指导、体育赛事观看、体育信息获取等类型的App）也成为人们体育消费的重要内容。数据显示，2015年，全国体育消费中，东部省份占到全国的61.2%，中部地区占比为18.3%，西部地区占比为20.5%。

3.1.1.2 体育人口数量多

体育人口常常用来反映一定时期内社会经济发展水平，同时又对当时以及未来的社会经济和人口过程产生影响。体育人口与体育产业的实际规模相互联系，体育市场营销的要素之一就是人口及购买力。2015年，我国14万多名体育从业人员的数量分布见表3-1所列，只有广东省从业人数破万，排名前五的省份全部属于东部地区，省（区、市）间差距最大值高达48倍（广东与西藏），表明区域间体育事业发展存在极大的不平衡，体育人才存在朝经济发达的地区，如珠三角、长三角、环渤海经济圈一边倒的倾向[38]。体育从业人员在社会人员中的占比也能反映出东部的体育产业从业人员密度远远大于中西部。高素质体育人才是体育产业高质量发展的重要一环，体育从业人数是高素质人才储备的基础。因此我们分析东部体育产业发展模式不能忽略人口这一关键因素。

表3-1 2015年体育从业人数占各省（区、市）从业人口的比例 单位：人、%

地区	体育从业人数	每万名从业人中体育从业人员占比	地区	体育从业人数	每万名从业人中体育从业人员占比
全国	144 990	1.93	河南	6292	1.2
北京	7962	7.76	湖北	5924	1.86
天津	2825	4.88	湖南	5754	1.61

（续表）

地区	体育从业人数	每万名从业人中体育从业人员占比	地区	体育从业人数	每万名从业人中体育从业人员占比
河北	5546	1.32	广东	20 891	3.6
山西	3813	2.1	广西	2920	1
内蒙古	2741	2.03	海南	1565	3.49
辽宁	4916	2	重庆	1712	1.19
吉林	2143	1.43	四川	6313	1.28
黑龙江	4559	2.32	贵州	2080	1.18
上海	6943	5.28	云南	3319	1.18
江苏	7153	1.52	西藏	431	2.77
浙江	4180	1.21	陕西	4096	1.95
安徽	3739	1.23	甘肃	3550	2.39
福建	5754	2.81	青海	861	2.82
江西	4065	1.72	宁夏	515	1.5
山东	9411	1.57	新疆	3036	2.55

3.1.1.3 体育产业资源的开发利用

体育产业资源作为体育资源的一部分，按其资源的基本属性分为体育产业自然资源和体育产业社会资源两大类。体育产业自然资源主要包括地质状态、地理环境、气候条件以及综合自然环境等多方面，而体育产业社会资源范围覆盖较广，主要存在于人类社会活动之中，通过社会发展的历史过程不断形成和更新。

体育产业资源的开发利用很大程度上决定了体育产业规模的产值。东部地区整体城市化、工业化水平和生产要素较其他地区集中，良好的经济基础为体育资源的开发利用打下扎实基础。以京津冀地区、长三角地区、珠三角地区形成产业集聚区，承办世界大型赛事带动相关产业发展。利用独特地理资源，创新“体育+”的模式。充分利用现有资源，将特色资源转化为优势资源。东部地区主要有一些沿海城市以及“冰雪之城”。正是凭借自然地理特色，东部省（市）大力发展水上竞赛表演以及冰雪运动，带动相关体育消费及体育用品业发展。全面认识特殊的体育自然资源，综合开发形成水上乐园及户外冰雪娱乐一体化的体育产业区。同时东部地区在资源开发时突出重点目标，兼顾综合效益。当地政府响应国家号召，充分认知省情、市情，因地制宜提出一系列符合属地城市体育产业发展政策，大力支持与鼓励体育事业发展，提升全民体育健身意识。伴随人们体育需求的不断高涨，北京市体育部门与市发展改革委、旅游委等部门联动，制定促进健身休闲产业发展的具体举措，极大地满足人民的体育诉求，更好地推动地区休闲产业的发展；在国家宏观政策指引下，江苏省体育局从水上运动产业、航空运动产业、山地户外运动、冰雪运动等领域入手，制订行动方案，全方位推动江苏省体育产业的高质量发展。对于体育产业发展迅速的东部地区，高质量发展成为当前需要探索的路径。

3.1.1.4 丰富的体育市场体系

目前，国内经济发展稳步前进，持续向好，体育创造出的价值也受市场的关注和青睐，社会资本纷纷抢滩体育领域，为体育产业的发展注入活力。体育产业也成为朝阳产业，市场潜力巨大。体育的有形产品和体育的无形服务共同组成了体育产业市场。体育产业市场在社会经济中占比逐渐增大，也成为社会经济发展的重要组成部分。东部地区是我国经济发展迅速，人们生活、消费水平高的地区。东部地区体育市场体系中竞赛表演业占据核心地位，创新盈利模式，将赛事表演与文化、社交、娱乐等相结合，为消费群体带来更多的消费体验和满足感。体育竞赛表演市场中，职业体育市场处在上游生态位，是该领域的核心产业，极具市场竞争力。在中国男子篮球职业联赛 30 家俱乐部中，东部地区占有 17 家；中国足球超级联赛 16 家俱乐部中，东部地区占据 10 家。众多职业俱乐部的分布也给东部地区的体育产业带来巨大的优势和竞争力，同时，东部地区体育产业发展重视消费者体验感，极力做好体育服务业，进一步刺激消费者消费。目前东部体育产业体系市场已初具规模。

（1）体育健身娱乐市场

物质生活得到满足后，人们开始追求精神享受。体育健身、体育娱乐是当前健康的生活方式，也是满足人们个性化需求的重要途径。当前，体育健身、娱乐行业发展迅速，成为提高人们生活质量和陶冶情操为核心价值的新兴服务市场。我国东部发达地区将体育产业作为地区第三产业发展的重点，不断提升体育服务质量，体育健身娱乐行业规范发展，形成高、中、低档并存的市场体系。高档健身俱乐部、度假村、高尔夫球场等为主；中档健身娱乐设施以中小规模的商业健身俱乐部为主；低档健身娱乐以公共体育场地（馆）、学校、社区体育设施、场地（馆）等为主。不同档次的健身娱乐设施间相互补充，促使东部地区全民参与体育活动和体育服务整体水平得到提升，进一步完善体育健身娱乐市场体系。在繁荣发展的背后，仍然存在营业场地（馆）面积不足、人们消费意识不强、市场运营能力不足，盈利困难等诸多问题。转变人们消费观念、提升体育服务质量、识别产业链优势，主动创新运营模式，提升核心竞争力是改善体育健身娱乐市场的有效路径。我国东西部体育健身娱乐业存在较大的差异，见表 3-2 所列。

表 3-2　我国东西部体育健身娱乐业比较

地区	场所类型	发展变化 （呈发展态势）	营业场地面积 （平均）	消费对象	经营状况
东部	53.80%	>200 人/天 84 分钟/人/天	室内：1705 平方米 室外：2000 平方米	高收入者 20.3% 一般收入者 52.8%	盈利者 9.3% 亏损者 20.9%
西部	39.40%	130 人/天 87 分钟/人/天	室内：1142 平方米 室外：1800 平方米	高收入者 29% 一般收入者 41%	盈利者 0 亏损者 1/3

（2）竞赛表演市场

体育竞赛表演业处于体育产业链上游，是体育产业发展的重点领域。

从欧美发达国家体育产业发展经验来看，职业体育蕴藏巨大的经济价值，成为引领体育竞赛表演业高质量发展的重要“引擎”。随着我国不断深化体育领域改革，各运动项目进行大刀阔斧的改革，成效显著。目前，中国足球超联赛和中国男子篮球职业联赛已经发展为国内顶尖的职业体育赛事，赛事 IP 价值巨大。从两大联赛俱乐部地区分布情况可知（见表 3-3 所列），东部地区拥有篮球、足球职业俱乐部数量占比最多。东部地区球迷基数较大，球迷市场火爆，极大发挥了“粉丝经济”优势。广东宏远篮球俱乐部、北京首钢篮球俱乐部、辽宁衡业篮球俱乐部、广州恒大足球俱乐部、北京国安足球俱乐部、上海申花足球俱乐部等近年来在联赛中战绩名列前茅，培养出大量明星球员，受到球迷的喜爱，现场观看比赛的球迷数量大，也带动联赛门票、衍生产品及体育场馆周边产业的经济收入。东部地区也注意竞赛表演市场的开放，积极引进承办世界一流大赛，如 2010 年广州亚运会，2019 年男篮世界杯、2022 年北京成功举办冬奥会、冬残奥会以及马拉松、武术、网球、足球、田径、电子竞技、赛车等高水平赛事，推动了东部体育产业发展规模，一定程度上也满足了居民对高水平观赏性体育竞赛的需要，为体育市场注入无比巨大的活力。

表 3-3　东部各省（市）2018—2019 赛季拥有职业球队数量表

省份	拥有职业足球队数量（个）	拥有职业篮球队数量（个）
上海	1	1
北京	2	2
山东	1	2
江苏	1	2
广东	2	3
天津	1	1
浙江	0	3
辽宁	1	1
河北	1	0
其他省（市）	6	5
总计	16	20

东部地区体育竞赛表演业呈现出举办形式多样的区域联动赛事局面，形成以长三角、京津冀、珠三角为主的一批体育竞赛表演业聚集区，极大地带动了区域内省市的办赛能力和办赛水平。近年来，举办的国际国内大型赛事数量不断增多（见表 3-4 所列），赛事运营水平和社会关注和认可度不断提升。随着 5G 技术、人工智能、智慧场馆建设、互联网技术等新兴技术在赛事中的大量运用，拓宽赛事传播渠道的同时极大地提升了观众的观赛体验，刺激人们的体育消费，带动体育竞赛表演业的快速发展[39]。

表 3-4　2019 年东部地区部分省（市）大型赛事举办数量

地区	大型赛事举办数量
北京	国际性体育赛事 28 项、全国性体育赛事 25 项、京津冀地区系列赛事 22 项
上海	国际性体育赛事 42 项、全国性体育赛事 13 项
广州	国际性体育赛事 32 项、全国性体育赛事 180 项
深圳	国际性体育赛事、国内高水平职业赛事、自主 IP 赛事 500 余项
浙江	国际性体育赛事 59 项、全国性体育赛事 233 项
江苏	国际性体育赛事 63 项、全国性体育赛事 128 项

数据来源：中国体育产业发展报告（2020）（社会科学文献出版社，2021 年）一书整理

（3）体育用品市场

随着我国改革开放的不断深入，20 世纪 90 年代开始，国家经济迅速发展，人们的生活水平需要不断丰富，体育用品业也在此环境下快速发展起来。经过几十年的发展，已形成以北京、天津、上海、广州为主的体育用品市场供应体系，生产的体育产品也主要销售至国外，我国也成为世界第一大体育用品生产国。数据统计显示，运动鞋企业主要集中在福建晋江、广东东莞、浙江慈溪、江苏昆山；运动服装行业主要集中在福建石狮、广东中山、浙江海宁[40]；运动器材主要集中在浙江苍南、富阳、河北沧州以及江苏泰州；篮球、排球、足球用品主要集中在天津、上海、福建长泰以及浙江奉化和永林等地。体育用品市场布局趋于合理，与区域经济和社会

发展相适应。我国作为生产制造业发达国家，各领域市场机制逐渐完善。几十年的发展，体育用品市场逐渐完善，生产制造各环节调节能力逐渐增强，体育用品产业仍然是体育产业中稳定的创收途径，同时也对体育运动的发展起着更为积极的推动作用[41]。

（4）体育中介市场

体育中介市场主要包括经纪代理、咨询代理、监督三类，是体育市场的重要组成部分。体育中介规范了体育交易中各主体的行为，为体育商品交易这个复杂的交易过程提供了有力的保障。鉴于此，这就要求从事体育中介的组织或者个人要掌握全方位的体育相关知识，熟悉体育市场运营，掌握国家宏观体育政策，更好地为体育活动主体提供服务。但是，对于体育市场交易双方来说，完全具备这些条件是很难的[42]。国外职业体育起步较早，体育中介市场自然也发展较早。伴随 20 世纪 90 年代国内职业体育的兴起，我国体育中介市场也随之发展起来。随着国家深化体育体制改革的深入，国内体育中介市场已形成不同领域和服务内容结构相互联动的市场体系，能更好地为体育交易活动服务，降低交易成本，提高市场运营效率。2000 年前后，体育经纪人行为在我国出现。通过数据可知，2003 年前后，我国从事体育经纪人不足一千余人，并且体育经纪人行为主要出现在上海、北京、广东等东部发达省市。随着经济水平的不断提高，体育经纪人的数量也显著增加，但整体还是以东部居多。这主要源于东部地区整体高水平的竞赛表演业。因此，要想培育和发展体育市场经济必须大力发展体育中介市场，全国范围内建立中介制度，不断扩大服务领域和服务质量，更好地促进体育市场的发展。

（5）其他主要体育市场

体育市场的发展过程中，带动周边市场的发展，与其他领域联动，不仅拓宽体育市场领域，同时也形成独具特色的体育活动，如，体育与旅游的结合促成体育旅游市场，民族地区较为凸显；青少年广泛参与体育活动，促成体育培训市场的繁荣发展。2000 年年初，东部地区以青少年为对象的体育培训行业逐渐兴起，进而辐射至全国。由于国家对体育的高度重视，越来越多的青少年主动或者被动地参与体育活动中，促使各类体育公司、俱乐部、培训学校在全国范围内大量出现，培训人数逐年递增，培训项目涉及篮球、足球、排球、网球、羽毛球、游泳、跆拳道、轮滑等，体育培训市场呈现井喷式发展局面。体育培训市场逐渐为东部乃至全国体育产业发展带来新动能。东部地区的体育彩票市场在全国占主导地位，主要以江苏、广东、福建、北京、上海等为代表，广东地区体育彩票销售常年名列全国前列，体育彩票创造的经济价值巨大，为国家公益和广东经济做出积极的贡献；随着进入数字化新媒体环境，体育传媒业也迅速发展。数字技术、互联网技术、移动通信技术等重塑传播媒体，体育传媒也进入传统媒体（报纸、期刊、广播等）、互联网媒介为载体的体育媒体（网络电视、数字电视、互联网门户网站等）、自媒体（抖音、微信、QQ 等社交平台）的现代体育媒体。互联网媒介为载体的体育媒体和自媒体成为大众主导的信息传播渠道。这种传播格局促使体育赛事版权商业价值直线上升，优质体育赛事受社会资本的青睐，给体育产业发展带来极大的利好。

3.1.1.5 加强区域体育产业协同发展

区域体育发展不均衡是制约我国体育产业发展的重要因素，优化区域体育产业发展布局是推进我国体育产业高质量发展的重要抓手。在国家区域发展战略背景下，东部长三角地区、京津冀地区、珠三角地区在全国范围内率先探索区域体育产业系统发展路径。东部地区区域体育产业协同发展机制逐步形成，实现了区域资源优势互补，促进了区域体育产业均衡发展。东部地区体育产业一体化发展区域在体育产业联动发展初级阶段，抓住了初级协同阶段关键问题，创新体制机制，充分利用各省市资源禀赋，立足区域体育产业优势领域，在多方面实现突破。上海推动签署了《长三角地区体育产业协作协议（2018—2020 年）》，进一步加强区域体育产业规划衔接；率先发起签署体育产业集团联盟合作战略，协作的广度和深度进一步加强。江苏重点打造“江苏体育产业大会”平台，促进长三角体育领域投资合作与交流；深耕场馆改革试验田，破解全国场馆运营瓶颈和难题。浙江发起的“长三角运动休闲体验季”和“长三角国际体育休闲博览会”已经分别举办了六届和九届，成为长三角体育产业品牌合作项目；成功举办首届“长三角体育产业高峰论坛”，开启高级别区域体育产业论坛的先河。安徽牵头发布的“长三角最佳体育旅游项目”“长三角汽车自驾路线及运动营地建设”，进一步促进长三角体育与旅游产业深度融合。在区域协调发展战略下，国家要求京津冀以地区一体、共同发展为主要原则，在城镇体系建设、区域空间拓展、基础设施建设等方面进行协同，推进城市和乡镇的功能合理分工，进一步优化城镇的规模结构，重点培育区域次中心城市及沿海新开发地区。同时，进一步强化京津之间高端服务功能的合作和对接，三地携手，共筑面向国际开放的平台。北京 2022 年冬奥会、冬残奥会的成功举办为今后一段时间京津冀地区冰雪运动和冰雪体育产业的发展带来契机。

3.1.2 美国体育产业发展经验分析

根据美国一项调查数据，全球体育市场规模排名前十的国家中，发展中国家仅中国上榜，排在第三名，其他九个国家均为发达国家。欧美发达国家体育产业发展起步较早，目前已经形成较为成熟的产业结构体系，体育市场商业化运作基本成型，依靠这种完善的市场体系，发达国家不断扩大体育产业规模，经济收益大幅提升，体育产业产值已占国家 GDP 收入的 3%以上，并且这一数据处于持续上升的态势。

3.1.2.1 美国体育产业现状

体育产业在美国起步早，19 世纪初期就开始了商业化运营模式，目前已发展得很成熟，美国也成为世界上的体育产业强国。究其原因主要在于美国以群众体育和竞技体育为支撑点，依托先进的体育管理公司，对体育竞赛表演活动、体育健身休闲、场馆、中介、传媒信息等体育产业进行包装和推广，使其与体育相关的衍生产业链都得到充分的发展和完善。根据数据统计显示，美国体育产业的增加值稳步增加，高过美国国内汽车产业、影视产业等领域的收入。如图 3-1 展现的是美国体育产业中各行业增加值所占比重。

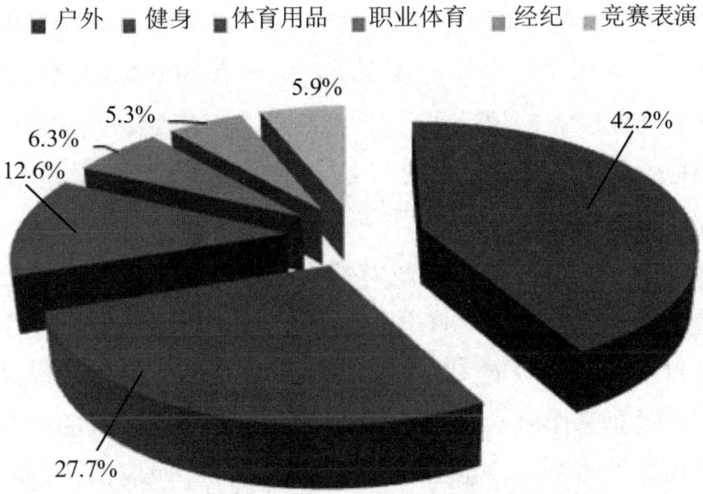

图 3-1　美国体育产业中各行业增加值占比重

从图 3-1 可直观看出，户外运动在美国体育产业中占比最大，达到 42.2%，是最受美国民众喜爱的体育活动。参加户外活动是美国民众日常生活必需的环节，户外运动在美国发展极为迅速。美国每年有大量民众参与户外运动，其中高尔夫产业、冰雪产业、野营露营等活动项目备受青睐。这些热门的体育市场产业板块的增加值每年在不断提升，体育用品行业主要在两大巨头公司耐克和锐步的带动下发展迅猛。同时，美国的体育用品业还积极支持大众体育的发展，企业通过一系列措施来鼓励大家积极参与体育活动，参与更多的体育活动又会需要更多的体育用品，从而形成良性循环。在已知的体育用品门类中，美国市场销售金额最高的体育用品项目是高尔夫用品，2016 年，批发市场销售额已达到 35.1 亿美元；接着是球类器材，2017 年的销售额已达到 35 亿元。作为美国体育产业的主要支柱职业体育，拥有知名度最高的四大联赛还包含 NCAA（National Collegiate Athletics Association，美国大学生体育协会）、PGA（Professional Golfer Association of America，美国职业高尔夫球协会）等全球顶尖的职业赛事，这些收入都处于其体育产业中的前列。同样美国的体育传媒发展也迅猛，诸如，ABC、FOX、NBC、ESPN、CBS 在内的许多知名体育媒体。美国知名体育电视网 ESPN 每年创造经济价值约 100 亿美元，其在全球的雇员数量接近 1 万人。在美国关于体育经纪市场，大概有 800 家经纪公司提供体育营销与管理的专业服务，超过 2 万人从事体育经纪活动，知名的体育经纪公司有 WME、IMG、ACC 和 ISE 等。

（1）政府与市场分工合作

美国体育产业的发展得益于政府的大力支持，对引导、监管产业部门发展和培育消费有促进作用。美国一直推崇市场的自由竞争，主张经济活动应由市场自行调节，政府主要集中提供重要外部性的公共产品和服务。其中公共产品是指整个社会共同消费具有排他性和竞争性的产品。体育产业作为一个包含性很强的产业必然离不开由市场和政府的协调配合，才使大众从中获益带动体育产业的发展。

（2）体育基础设施完善

体育场馆设施的数量能在一定程度上影响全民参加体育锻炼。通过唤起健身理念带动体育消费，从而影响体育产业发展。美国体育场馆数量和健身俱乐部都居世界前列，除了大量用于专业训练的场馆设施外，社区、企业、学校均提供丰富的健身资源。如为了增强雇员的体质和改善福利，美国一些大中型企业近年来纷纷为雇员购买体育健身器材，在 2009 年对 500 个公司的调查，70%的公司拥有属于自己的体育设施，并且相当一部分正计划修建或扩建新的体育设施。美国公共性设施主要为三部分，分别是州、地方及社区利用税收修建的娱乐和体育设施。这些设施几乎不盈利以免费或极低费用向居民开放。这些公共体育设施通过这种方式可能对城市的发展产生良好的影响。一些城市居民赞成使用公共基金修建体育设施，尤其是竞技体育设施，主要原因是希望这样可招揽和吸引高水平的运动队来比赛，通过举办大型体育竞赛，促进地方经济发展和城市繁荣。美国大学多数都有整套较完备的体育设施，还对社会开放。美国政府在对四大职业联赛的各个职业俱乐部场馆建设的扶持上投入了大型体育场馆建设方面的主要公用支出资金。这些顶尖场馆的建设再加上美国著名场馆运营商 AEG 公司的优良运作使大型场馆带来经济效益、城市发展效益和象征性效益[43]。

（3）全民参与的体育

全民参与体育主要体现在两方面，体育人口与从事体育行业人的数量。体育产业的强与不强最终发展还是取决人们的体育理念而带来的消费。美国全民体育发展是带动体育产业发展的另一个主要原因。在现代美国体育运动与健身活动的种类日益丰富。2015 年，美国居民的体育与健身活动参与率总体呈上升趋势。其中，6 岁以上的美国人口中，有 2.12 亿人至少参与了意向性运动与健身活动。在所有活动类型中，健身运动与户外运动是最受欢迎的两大活动类型，参与率分别达到总人口的 62%和 48.4%。现在，越来越多的人希望把体育运动与健身活动作为日常生活的必备项目，因此集体运动的参与率持续上升。2015—2016 年度，美国总人口中，有 23.8%的人积极参加了不同类型的集体运动项目，达到了自 2008 年运动与健身行业协会开始记录数据以来的最高峰。随着参加体育锻炼人数的增多，大家在其锻炼过程中通过购买相关体育器材以及举办更多的赛事活动，形成更多的产业链。美国政府重视全民体育意识的培养，从教育以及法规的制定各个方面来促使大家都融入体育锻炼中。这样做的直接好处是体育与健身活动参与率上升，体育人口基数增大[44]。

（4）发达国家体育产业从业人员队伍十分庞大

据美国劳工统计局的数据显示，美国职业体育运动员约 2 万人，各级各类教练员 20 余万人，各级各类裁判员 1.6 万余人，从事健身工作的人员 50 余万人，以及 44.56 万人在高尔夫球场和乡村俱乐部工作，另外约有 6.5 万人从事体育用品批发销售工作，24.58 万人从事体育用品零售业。大量的体育从业人员为美国体育产业的发展提供了人力资源保障。体育从业人员的增加从侧面反映出人们的体育需求不断增大，体育行业人数的增长带动社会对体育用品和服务的需求。每年美国民众大约花费在体育和休闲活动的费用高达 1340 亿美元。

3.1.2.2　美国体育产业结构分类

（1）成熟的职业体育

美国职业体育产业起步较早，目前美国职业体育成为体育产业的核心产业，四大职业联赛（美国职业篮球联赛、国家橄榄球联盟、职业棒球大联盟、国家冰球联盟）闻名全球，吸引全球数以亿计的球迷观看，为其体育产业带来巨大的经济收入。橄榄球联盟超级碗已成为美国非官方性节日，每次比赛仅门票收入就超过 4 亿美元，现场广告和转播更是一笔巨大的经济收入。NFL（职业橄榄球大联盟）作为美国最有名的体育赛事之一，被美国人视为第一运动项目，每一年 NFL 的冠军杯赛是全美收视率最高的节目，也是吸金量相当强的比赛。根据 2015 年的超级碗统计，其中转播商和组委会收入达 7.8 亿美元，而被中国球迷所熟知的 NBA 在美国赛事中仅仅排在第三位，一年门票总收入也超过 10 亿美元，平均每支球队的门票收入超过 3300 万美元（约 2.1 亿人民币）。作为全世界最成功的大学体育联盟（NCAA），商业收入排名前十的高校每年的体育赛事门票收入在 2500 万美元到 5600 万美元之间。据福布斯的统计，美国 NCAA 联赛打造的“最终四强”赛事的品牌价值已达到 1.5 亿美元。

（2）体育用品业发展

2019 年，根据非营利组织全球健康研究所发布公告，数据显示全球体育用品行业支出约 4420 亿美元，主要有服装、鞋类、设备和零售四个部分。其中服装市场规模约为 2000 亿美元，鞋类市场规模约为 1500 亿美元。美国体育用品业的蓬勃发展主要在于政府对大众体育的推动。例如，2010 年，美国各州政府开展“学习冰雪运动月”活动。为提高民众参与度，美国有 14 个州的单板滑雪场、高山滑雪场以及北欧冰雪运动中心会向公众提供免费或者低折扣的冰雪运动课程，同时政府也积极鼓励和呼吁全民参与冰雪运动。在此良好的发展环境下，冰雪运动项目在美国全境得到普及，这样美国的冰雪运动产业也能获得广阔的市场，经济价值急剧增加。《2009 年美国当今个人健康投资法案》的出台，倡导更多的美国人参与大众体育活动。不断发展的高科技和流行时尚对体育用品的销售有巨大的影响，体育用品制造商不断创造各种噱头来促使消费者购买新设备。例如，高尔夫球杆制造商在使用新科技方面取得了巨大的成功；滑雪板制造商会在第一时间使用新科技；每年滑雪设备制造商都会推出新时尚、新颜色和新款式；网球拍广泛使用了纳米技术；高端自行车使用了碳素纤维。

（3）体育休闲业

美国民众热衷于参加体育活动，其中各种户外体育活动也深受美国人的喜爱，因而美国的休闲产业市场发展日趋成熟，逐渐成为国民经济的主导产业。现阶段，美国国内商业性体育俱乐部、健身场所众多，这些体育基础设施的完善成为美国休闲体育行业发展的重要组成要素。20 世纪 90 年代，美国休闲体育产业已进入成熟阶段，行业市场体系健全，人们参与度高。分析其原因，主要有：①美国参与休闲体育活动的民众逐渐增多，休闲体育产业的经济收入水平维持在较高水平，也促进了国内经济的发展，美国政府意识其发展前景，制定相关政策，支持和引导休闲体育深入发展，深入挖掘休闲体育的潜在价值。②休闲体育产业规范化的市场运营。市场准入制度保障了各体育休闲企业之间的良性竞争，促使各企业通过提升自身管理效率。体育休闲产业组织机构具体可分为三类：官方组织、社区组织和私人体育休闲机构，见表 3-5 所列。

表 3-5 美国体育休闲产业组织类型及其特征

特征	类型		
	政府组织	社区组织	私人组织
理念	全体国民	会员（成员）	满足公众需求并营利
目的	为居民健康贡献，非营利	共同的兴趣、爱好组成的社团组织，非营利性	追求利润最大化
经费来源	政府税收	会费、捐赠	私人投资、向消费者收费、会员费
领导	职业管理者、志愿者	志愿者	职业管理者
消费者	所有公民	有限的组织成员	所有付费人

（续表）

特征	类型		
	政府组织	社区组织	私人组织
实体组织	城市公园、公共体育娱乐场所	小型协会、地方休闲协会	私人运动休闲俱乐部、健身俱乐部、高尔夫俱乐部、户外运动俱乐部

据“普朗克研究机构”估计，有2500万～3000万人在家里使用健身器械锻炼身体。美国“婴儿潮”一代（特指1946—1964年间出生的美国人）人数达到7500万人，他们现在有余暇也有足够的收入来支撑他们的健身需求，他们很重视生活质量，将进一步促进美国体育休闲产业的发展。例如，美国老年人群中流行一种新型体育运动——匹克球（pickleball），这是一种用球拍击打球的运动，场地面积有四分之一网球场大小，由美国西雅图的本不里奇岛兴起，被视为网球、羽毛球和乒乓球的混合运动，参与人数增长迅速。

（4）美国体育产业政策和法规

利好政策和法律法规保障了体育产业健康、规范的发展。政府针对体育产业的发展，颁布了反垄断豁免、税法、版权法、劳工法等政策法规，极大地促进体育产业的发展。美国四大职业联赛的发展受益于《反垄断法》《版权法》《劳工法》等相关法律的保障，对职业体育赛事版权的保护，保障了职业体育的整体经济价值。美国体育产业领域中，国家给予业余体育税收政策的支持、给予体育产业组织中反垄断政策和反不正当竞争政策的支持（但在有些体育产业领域内并不会受到反垄断法的制约，如美国通过职业体育联盟反垄断豁免，给予特定的独占市场和独立制定规则的权利）、美国体育经纪人方面的法规体系及相关政策、鼓励参与志愿服务的法案，明确规定了对参与志愿服务和捐助的人员、捐助范围涵盖社区体育、企业的返税额度、青少年体育等。这些政策法规的完善给体育产业领域各环节的发展带来保障，确保各环节价值活动有外部环境的支持和保障，进而促使体育产业稳定发展，追求产业利益最大化。

3.1.2.3 美国体育产业的融合发展

（1）体育传媒

美国ESPN体育电视台是目前世界上最大规模的体育电视台之一。该电视台也拥有全世界最完善、访问量最大的体育网站www.espn.com和国际市场发行最多和最受欢迎的体育新闻类型杂志——《ESPN杂志》，在全美有超过9000万的家庭付费用户，造就了ESPN每年超过100亿美元的收入。目前付费观看体育赛事已经是体育消费的主要流向。美国体育媒介与节目在全世界都有一定的影响力，比如，门户体育版块有NBC体育、FOX体育、ABC体育等。美国体育的发展离不开这些知名的体育媒体，但同时也是因为其本身高水平的竞赛表演引起这些媒体的宣传。总的来说，体育媒体与体育资产是相辅相成的关系。媒体通过在体育资产那里巨资购买赛事媒体权益和其他媒体权益，然后转手又从观看赛事节目的球迷和想要借助赛事等体育节目营销的赞助商和广告商那里赚取更多费用，一买一卖之间经常能产生出美国体育圈最吸引眼球的超级交易，也同时带动了体育产业的发展。体育与传播媒体的合作带来巨大的经济效益。比如，CBS与Turner电视台达成的每年11亿美元收购NCAA为期三周的全国大学篮球锦标赛（俗称“三月疯狂”），2025—2032年，媒体版权就让业界为之震动（此前的2011—2024年合约中该版权价格为每年7.8亿美元），总结以往的类似经验，两家电视台对转手赚回投资成本充满了信心。

（2）体育与教育

体育教育和体育产业之间的密切联系和高度融合，二者形成一种共生与互惠的关系。其关系也是美国体育产业壮大的另一个重要原因。从职业体育看，二者的共生关系使学校体育教育体系源源不断地为该国竞技体育提供优秀竞技体育人才，其中，中学体育为大学每年直接输送约7万名中学生运动员，为NBA和MLB直接输送运动员分别占比达到两个职业体育组织运动员总数的 9%和 51%；大学体育为 NBA、NFL、MLB 培养的运动员分别占 3 个职业体育组织运动员总数的 90%、100%、50%；在参加 2016 年里约奥运会的美国代表团中，大学生运动员占 78%。从体育教育的角度看，一方面，由于美国大学校际比赛均在高校内举办，营造了浓厚的校园体育文化氛围，为高校体育教学、体育活动的开展起到了积极的示范和推动作用；另一方面，大学竞技运动赛事对提升高校竞技运动水平产生了重要的作用，加之商业化运作和媒体的大力宣传，从而带动了体育产业的收入。另外这些赛事使大学知名度、美誉度大幅提高，而大学知名度、美誉度的提高，既为学校体育获取学校和社会更多的支持和资助提供了可能，也最终形成以大学体育赛事为核心的相关产业链。

（3）体育与旅游

体育产业与旅游业的发展主要有参赛与观赛的赛事旅游，或者围绕赛事核心区域和建筑的景观游。美国在体育旅游行业中名列世界前茅，市场营业额巨大。美国相关数据统计显示，美国国内约有 86.1 万人因体育型、参赛型旅游而获得就业机会，产业贡献值达 321 亿美元。体育旅游在美国的繁荣发展与国内消费需求有直接关系，美国国内体育旅游消费市场需求旺盛，同时人们对体育旅游消费意愿强烈，每年人均体育旅游消费较高。在大学生篮球联赛、马拉松比赛、橄榄球大赛等业余体育旅游层面，同样吸引大量的消费者现场观看。数据显示，2015 年，超过 3 亿人参加美国国家公园举办的徒步、钓鱼、野营、打猎等休闲旅游，历时共计 12.53 亿小时。美国职业体育赛事高质量发展，促使体育场馆和体育赛事成为美国体育旅游业的核心。除此之外，相关的服务业和辅助设施同样是体育旅游业发展的重要组成因素，如，运动酒吧，能为球迷提供观赛、体育信息等服务，同时还可以组织体育运动爱好者进行体育活动等。美国体育旅游业发达的另外一个原因在于其组织管理和市场营销方面分工明确，非营利性的委员联合会为体育旅游消费群体提供个性化规划和指导，并通过互联网为消费群体提供便捷服务。美国一些体育类网站中，专门设置有讲解关于体育旅游观光的浏览区域，在美国比较流行的橄榄球、篮球、冰球、棒球、网球、足球等的一些信息可以在这里找到，及时满足了消费群体的需求。

3.1.3 英国体育产业发展经验分析

3.1.3.1 英国体育主体产业结构及布局

工业革命后，英国成为老牌资本主义国家，借此优势英国发展成为现代体育产业的发源国家。相比美国而言，英国体育产业整体规模和发展水平有一定的差距，但是在英国国内很多人都崇尚运动，促进了英国体育市场的发展，其核心部分主要以体育赛事和健身休闲体育为主。

（1）体育赛事

英国体育赛事在世界上拥有悠久的历史传统。1860 年开始的英国高尔夫公开赛、1877 年举办的温布尔顿网球公开赛、1829 年创办的牛津剑桥划船比赛、1888 年建立的英国足球联赛、开始于 1950 年的 F1 锦标赛等都是各自领域现代历史上最早的比赛。经历了风雨洗礼，如今的“温网”“英超”“F1 赛车”已经享誉全球成为顶尖赛事。依靠雄厚的赛事基础、多年的精心培育，英国已经拥有发达的赛事产业，形成了系统的赛事体系。数据显示，英超已经成为欧洲 5 大顶级足球联赛的引领者，2013—2014 赛季年度球队总收入高达 32.6 亿英镑，占欧洲顶级联赛总收入的三分之一。同时英国的赛马博彩业也享誉世界。2012 年，英国赛马业总盈利约为 4.7 亿英镑，赛马产业直接或间接地提供了大约 85 000 份工作，对国民经济的整体贡献 35.4 亿英镑。2007 年，赛马彩票投注总额为 160 亿欧元，居世界第二位。英国每年举办丰富多彩的赛事，赛事产业已经成为引领英国体育产业的主导产业。英国体育赛事不仅限于此，主体分类主要集中在航海运动、赛车运动、网球运动、足球运动、舞蹈运动、赛马等。正是依靠这些体育运动蓬勃的发展才使如今的英国体育产业在全球体育产业中也拥有一定的地位[45]。

（2）休闲体育

休闲体育在英国发展迅速，已成为英国民众生活中不可或缺的一部分，主动参与休闲体育活动的人数较多。可以说休闲体育已深入民众内心，作为一种习惯来参与休闲体育活动。同时，伴随人们收入的不断提升，闲暇时间增多，在物质生活得到满足之余，更多的人愿意参与休闲体育活动来满足精神所需[46]。英国休闲体育产业的发展离不开政府的高度重视和大力推广，具体表现在：（1）英国国内重视对年轻人体育习惯的培养，形成终身体育习惯，同时强调竞技体育、群众体育、学校体育的协调发展。（2）英国体育由国家统一管理，政府宏观层面制定管理制度，规范发展休闲体育产业。国家层面加大对休闲体育的投入，在资金方面有力地保障休闲体育产业的发展，同时政府加强对公共体育设施的建设和维护，给人们参与体育活动提供场所。（3）重视休闲体育人才培养。在高校开设相关学科，大力培养人才，更好地服务于国内休闲体育。

体育已经融入大众文化的生活，国人参与休闲体育程度相当高。在英国利兹市有一种自发的公路骑自行车运动叫“GO RIDE”，有数百人参加大约持续 4 个多小时，在没有任何政府参与和赞助商支持的情况下坚持十年，人们乐此不疲。据调查，约有 60%的英国人参加某种形式的体育锻炼活动。据 Sport England 的调查数据显示，2015 年，英国约有 1650 万成年人经常参加体育锻炼活动，其中包含约 12%的人注册成为健身房或者体育俱乐部的会员。根据英国运动活跃人群数量进行的跟踪调查显示，发现英国是欧洲规模最大的体育运动和娱乐活动人群。

（3）户外运动

英国历来被称为“户外运动之乡”，现在已经发展成为户外休闲产业，对英国经济做出了重大的贡献。2012—2013 年期间，英国 75%的成年人有固定的时间参加户外活动，纵观全国情况，55%的人每周固定参加一次户外活动，75%的人每月固定参加一次户外活动，90%左右的人每年参加一次户外活动。据英国户外产业协会公布的最新调查，2014 年，英国共有 896 万人参加过户外运动，其中 28%的参与者每周至少参加 1 次。英国登山协会公布 2013 年会员人数增长 2%，登山比赛场次增长 18%。据英国户外产业协会的市场调查，英国户外旅游活动快速增长，像 Great North Half Marathon

（大北跑半程马拉松）、自行车挑战赛和公开水域游泳挑战赛等大众户外赛事场次快速增长。值得注意的是，2014 年，户外装备销售额增长 3%；2013—2014 年，皮划艇销售额增长 39%。通过户外运动拉动了英国旅游经济的发展，带来大量的工作机会，并且显著降低了政府的医疗保健成本。户外运动在英国发展得如此迅速，并在体育产业中占有一定的地位，一方面是由于经济条件的发展，另一方面是得天独厚的自然环境。推动户外运动快速发展的原因是，英国人借助参加户外活动的机会享受大自然的美好、与家人和朋友共度美好时光、放松身心和减缓压力、替代参加传统的体育活动。英国民众真正把参加户外活动当成生活中重要的一部分，因此参加积极性高涨。

经多年的积累，英国逐步形成了多个体育产业集聚区，实现集约化发展（见表 3-6 所列）。不同的产业集群都会有属于自己的特色。应该说，英国这些产业集群在全球各自领域的舞台上都占有一席之地，扮演重要的角色。

表 3-6　英国部分体育产业集聚区基本情况

名称	主体产业	具体特色
南安普顿航海运动休闲旅游集聚区	航海运动	聚集了游艇设计、制造和休闲业完整产业链，并汇集了国际赛艇博览会、沃尔沃环球帆船赛、英国电信全球挑战帆船赛等国际重大航海运动赛事
牛津“赛车山谷”集聚区	赛车运动	聚集了约 4500 多家与赛车生产制造及赛车运动相关的各类企业，生产世界顶级的赛车成品、底盘、引擎、遥感装置等质量上乘产品，还提供极为专业的相关服务
温布尔顿网球运动集聚区	网球运动	聚集了全球顶级的 18 个草地、9 个硬地和 2 个室内网球场，现代网球史上最早且享誉世界的比赛——温布尔顿网球锦标赛举办地，也是全球最著名的私人网球俱乐部之一
伦敦足球运动集聚区	足球运动	聚集了阿森纳、切尔西、富勒姆、西汉姆联、托特纳姆热刺、查尔顿 6 个著名足球俱乐部，是世界职业足球产业发展最活跃的地区之一

（续表）

名称	主体产业	具体特色
黑池舞蹈集聚区	舞蹈运动	聚集了最优良的体育舞蹈场地和服务设施，享誉世界的黑池舞蹈节举办地，国际标准舞活动之首，汇集了各种形式的高级培训、国标舞研讨会

3.1.3.2 大众体育与体育产业发展

体育产业发展水平的高低，最终衡量的标准是经济收益，而创造收益的主体是人们本身。如果一个国家，一个地区，全民的体育健身理念缺乏，相应的体育产业发展也必将受到影响；所以，英国能成为世界体育产业强国，离不开对全民健身事业的各种投入和支持。正是因为政府对体育运动的极度重视，通过制定与社会发展阶段相符合的体育发展战略，才使英国大众体育得到充分的发展。在第二次世界大战后，英国的大众体育战略重点开始过渡，从兴建体育场地设施到提高全社会体育参与水平、从优先发展青少年体育到关注弱势群体和特殊群体、管理权限从中央政府逐步下放到地方和社团的一个演变过程。英国对大众体育的重视主要表现在一是直接增大资金投入，二是政策放开，引导和鼓励大众体育，双管齐下。让体育运动理念深入大众心中，从而对体育产生浓烈的兴趣及产生巨大的直接或间接的经济收入。英国政府主要通过以下三个措施来推动大众体育，进而带动体育产业发展。

（1）增加大众体育经费

英国政府的每次拨款都是由议会决定，近两年，针对体育拨款大约为5000 多万英镑，资金主要用于竞技体育和大众体育发展，英国国家级和地方体育理事会也得到一定数量的资金资助，有力地保障了国内各个体育理事会开展工作。英国体育理事会负责将政府拨款分配给有合作关系的社团和社区体育俱乐部。除政府拨款外，国家彩票基金也是大众体育的重要资金来源。2000 年，《大众体育的未来》报告称：体育彩票 75%的收益将投入社区体育中。2012 年年底，英国体育理事会宣布，在未来的四年里，会对大众体育拨款 4.93 亿英镑，以实现伦敦奥运会激励更多人参与体育的承诺。这 4.93 亿英镑分配给 46 个运动项目协会，其中 31 个项目协会在大众体育领域获得了有史以来最多的资助。自行车、拳击、登山、射箭、轮椅篮球和铁人三项等项目的拨款数额都比上一轮拨款提升了 30%以上，以作为这些项目在大众体育领域取得大幅进步的奖励[47]。

（2）重视体育俱乐部的发展

英国体育俱乐部最早起源于贵族阶层，随着历史的变迁，通过体育俱乐部参与体育活动已经成为英国大众体育的基本组织形式，为人们提供了良好的参与体育的平台。英国拥有 15 个左右的大、中、小俱乐部，全国范围内 23%左右的人口是体育俱乐部的会员，平均每个俱乐部有 200 个左右的会员，大量的体育人口也为俱乐部发展带来雄厚的资源。总体来看，英国俱乐部会员人数在不断增长，特别是青少年会员。英国体育俱乐部汇聚了多种类型，如单一运动项目的俱乐部和综合型项目俱乐部。英国的体育俱乐部大部分是非营利性的，运营经费来源主要是会员会费以及政府和体育理事会的资助，以及少量商业赞助和社会捐助。英国一些项目俱乐部是纯商业性质的，其内部组织机构完整，拥有管理、经营、培训等各类人才资源，同时还有自己的体育场地（馆），这些商业俱乐部和基层社区体育俱乐部相互补充，共同促进英国体育俱乐部的发展。

（3）关注弱势群体和特殊群体

20 世纪 80 年代以来，英国大众体育的战略重点开始从学校体育向全社会其他目标群体，尤其重视的是弱势群体和特殊群体，还包括青少年、少数民族以及很少参与运动的女性群体。2002 年，作为对《大众体育的未来》的补充，英国政府又颁布了一项《体育计划》，明确指出：在大众体育参与方面，焦点应集中在优先目标群体和社会中的经济弱势群体[47]。政府强有力的支持为弱势群体和特殊群体参与体育活动提供了良好的外部环境，更多的人参与其中，并产生大量的体育消费，成为英国体育产业中不可或缺的一部分。

3.1.3.3 英国体育产业的融合发展

（1）体育传媒

体育资产中的赛事媒体权益和其他媒体权益被媒体花费高达每年千万到几亿美元不等买回来，转手卖给那些迫切观看赛事节目的球迷和实力雄厚，但想要借助赛事等体育节目营销的赞助商和广告商。正是基于此间的各种关联体育与媒体的相互融合发展才一步步壮大。在21世纪经济快速发展的今天，更应抓住机会，继续加深体育与媒体之间的关系。媒体之间的相互竞争有时也使体育赛事从中受益。2015年，英国电信与天空广播公司争夺足球赛事电视直播权，最终两家公司共同支付约51亿英镑获得，该协议最终价格在现行协议价格上上浮超过70%。

（2）体育与教育

将体育融入教育是英国体育产业体系丰富发展的一个重要原因。英国政府在教育上倡导的观念是关注人的全面发展、关注青少年的身心健康等。英国体育产业得以稳步发展，一定程度上应归功于英国绅士体育的提倡。英国教育家洛克最先提出三育并重的观点，并指出体育应排在首位，这个理念的提出是对文艺复兴以来新教育思想和新体育思想的高度概括[24]。阿诺德实行“竞技运动自治”制度，极大地加速了体育进入学校教育的进程，迈出了竞技运动进入学校的重要一步。体育如今成为英国大众生活不可缺失的部分，是体育与教育的广泛融合，同时体育融入学校教育对体育产业体系的贡献是显而易见的。正因如此英国高度重视体育的发展，从而促进其体育产业稳步发展。政府对体育休闲教育的重视是英国体育产业发展另一个重要的原因。在中小学，通过体育课程向学生传授体育技能，发现自己感兴趣的体育项目，培养终身体育的习惯以及健康的生活态度。

（3）体育与旅游

体育旅游这种全新的活动方式给参与者的心理和感官带来积极的娱乐体验，使参与者在活动过程中释放压力，感受快乐，愉悦身心。体育旅游逐渐成为体育产业中经济收入重要的组成部分，商业价值巨大。英国政府意识到体育旅游业给体育产业发展带来的价值，通过一系列资金投入与政策鼓励来发展体育旅游产业。英国政府将人才培养放在第一位，通过全方位、多层次培养大量体育旅游人才，其中高校旅游专业在人才培养中起到中流砥柱的作用。休闲体育专业、体育旅游管理专业、户外运动专业、户外娱乐专业等人才的培养，为其体育旅游行业的发展提供了强有力的保障，也成为英国体育旅游产业高速发展的核心要素。英国目前已经发展成为世界上六大旅游目的地的国家，深受国内及世界各地体育旅游爱好者的青睐。现代足球发源于英国，足球也成为英国体育旅游市场中最大的吸金石，所有以体育旅游为目的的入境游客中，有 3/4 的人是冲着足球而来的。

3.1.4 国内外体育产业发展经验借鉴

3.1.4.1 强化体育消费观念，提升体育消费意愿和水平

近年来，国家层面不断出台促进体育发展的利好政策，各地方响应国家政策，结合省（区、市）情制定体育发展策略，通过不断完善政策机制促进体育产业的发展。四川省在国家政策指导下，大力发展省内体育产业，也取得了一定的成效。但四川省内个别地区人们的体育消费意识和主动性不强，同时，体育产品的研发和体育服务的提升重视程度不高，导致体育产品和体育服务的质量不佳，很难刺激人们的体育消费意愿。政府应不断提升公共服务质量，建设公共体育设施，吸引人们参与体育活动，促进体育消费。政府出台优惠政策，鼓励更多的社会投资者投资公共体育事业，为四川体育产业的发展拓宽路径。各体育运营主体创新盈利模式，借助网络与现代信息技术，打造更多的消费渠道，满足人们的个性化体育需求。政府积极引导和创造人们体育消费环境，逐渐转变人们的消费观念，让参加体育活动成为一种潮流，成为人们日常生活的一部分，提升人们体育消费观念，逐渐形成体育消费习惯。

3.1.4.2　完善体育产业资源配置

发达国家体育产业资源雄厚，配置合理，进而促进其体育产业快速发展。四川省在西南乃至全国范围内政治、经济、文化繁荣发展，省内多民族聚居，自然环境优美、交通便捷、体育人口较多、体育基础设施建设较好，这些资源优势也成为四川最佳的体育产业资源。但在实际发展中，体育基础设施建设中仍然存在不足，不能完全满足体育活动参与者个性化的体育需求。下一阶段需要政府制定发展战略，统筹规划体育基础设施建设，提升体育服务质量。同时，政府给予相应的优惠和扶持政策，鼓励社会力量参与体育场地（馆）建设，扩大体育场地（馆）资金来源和经营主体。社区体育也是体育产业中不可忽视的因素，大力推进社区体育设施的建设，以满足广大居民的健身需要，同时保证每个新建社区都配备相应的体育设施。四川省各民族地区传统体育项目深受人们的喜爱，参与度也很高，针对其社会推广度不高，政府要加大对其的宣传、推广、发扬以及市场开发，深入挖掘其社会、经济价值，拓宽体育产业价值链。成都作为四川省省会，在政治经济文化及区位方面独具优势，体育产业市场主体、从业人口、居民体育消费能力等内需不断扩大，加之成都市政策执行力度强，城市基础设施建设完善，促使成都市占据较大体育产业资源份额。其余市州的资源利用率较低，体育产业总体发展水平较低，致使四川省出现体育产业资源配置不合理现象，亟待进一步优化。

3.1.4.3　重视职业体育发展

职业体育是提供商业性体育竞赛表演的产业，其核心产品是赛事[31]，赛事质量的高低直接决定职业体育的价值。职业体育赛事 IP 具有稀缺性、持续性强等特点，因此，开发赛事 IP 资源成为目前重要的课题。当前我国经济社会的快速发展，为职业体育的发展创造了良好的外部条件，职业体育处于前所未有的发展机遇中。我国职业体育经过 20 余年的发展，取得一定的成效，赛事职业化进程不断推进，球迷市场逐渐壮大，球迷消费能力不断增强。四川省拥有中国男子篮球职业联赛俱乐部、中国排球超级联赛俱乐部、四川力士达足球俱乐部，等等，职业体育氛围较好，市场潜力巨大，将成为四川体育产业体系的重要组成部分。“十四五”期间，四川省将大力发展运动项目产业，推动川蜀特色职业体育发展，积极探索符合世界竞技体育发展趋势、与全省经济社会发展相适应的职业体育发展机制。加强政府对职业体育发展的引导和行业监管，制定四川职业体育管理办法，建立政府引导、市场支撑、产权明晰、管理规范、运行高效的职业体育管理体制，提高职业体育规范化水平。培育一批符合四川特色的本土职业联赛，打造一批明星队员和教练，发展高水平职业俱乐部 20 个以上，培育高水平职业队伍 3 支以上[48]。

3.1.4.4 推动区域协调发展，打造产业增长极

国家区域发展战略中要求加快推进重点区域的协调发展。党的十九大以来，京津冀地区、长三角地区、粤港澳大湾区、珠三角地区等重点区域发挥各自优势和特点，促使体育产业领域发展势头良好，为国家区域协同发展提供了新样板和新经验。成渝地区双城经济圈建设是习近平总书记亲自谋划，亲自部署，亲自推动的国家重大区域发展战略，是党中央着眼“两个大局”，打造带动全国高质量发展重要增长极的战略决策。推动成渝地区双城经济圈建设国家战略，为成渝地区体育产业融合创新发展带来重大的契机，对强化体育产业共建共享提出了新内涵、新目标和新要求。四川省要以国家战略为引领，借鉴国内区域体育产业发展经验，加快推进成渝地区体育产业发展，打造产业增长极，以此带动省内其他经济区体育产业的快速发展。四川省体育部门在总结“十三五”期间体育事业发展整体情况后，提出深度推进“一干多支、五区协同”区域发展新格局，结合全省体育产业资源禀赋条件，按照“111335”体育产业发展思路，构建“一核一轴四带五区”体育产业空间布局。以成渝双城经济圈建设为契机，培育体育产业发展重点城市，充分发挥成都市的引领作用，带动和加速推进全省体育产业发展。同时，结合地区资源优势和项目特点，推进成都平原（成都、德阳、绵阳、乐山、眉山、资阳、遂宁、雅安）、川南（自贡、泸州、

内江、宜宾4市、28个县[区])、川东北(广元、南充、广安、达州和巴中5市、34个县[市、区])、攀西(攀枝花市和凉山州2市[州]、22个县[区])、川西北(甘孜州和阿坝州)五个体育产业发展区协同发展。依托四川省独特的环境资源,打造川味浓厚的户外重点活动。构建成渝体育产业发展主轴,建立成渝体育产业联盟,支撑带动川渝体育产业一体化发展,与重庆市共建国家体育旅游示范区、国家级体育产业协同创新中心。

3.1.4.5 推动体育产业与相关产业的融合发展

体育产业作为经济社会发展的一部分,其发展不是独立存在的,必然受相关产业发展的影响。体育作为人们社会生活的重要组成部分,是一个具有较强融合性的行业,体育与文化、旅游、康养、教育、金融、互联网、交通、农业等产业的融合发展是未来我国体育产业发展的主流趋势,也是拓宽体育产业链,拓展体育产业新业态的重要途径。四川省要探索和发展“体育+”,支持各类运动项目与文化旅游产业的融合,发展数字文体旅游、康养体育旅游等新业态,培育创建一批国家级和省级体育旅游示范基地、体育旅游精品赛事、体育旅游精品线路。推动体育与金融融合发展,鼓励社会资本设立体育产业投资基金,引导保险公司开发运动保险产品,建立银政企联席工作会议制度,支持将体育企业纳入各市(州)政府性融资担保机构支持范围,支持符合条件的体育企业发行社会领域产业专项债券,打造西部体育产业金融服务中心,更好地服务体育实体经济。实施体育产业数字化战略,加快体育与互联网融合发展,推进体育产业重点领域数据库建设。支持大数据、区块链、物联网、云计算、人工智能等新技术在体育领域的创新运用,打造智能健身场景。推进“+体育”模式融合发展,将体育产业发展融入全省发展大局中。发挥体育独特的社会功能,促进四川省新型城镇化建设,助推乡村振兴战略在四川的落地落实,加快健康中国和美丽乡村建设。

3.2 四川省体育产业发展历史溯源

我国体育产业发端于党的十一届三中全会后社会主义建设任务的转变和社会经济体制改革。改革开放以来，伴随国家社会经济发展和利好政策的支持，体育产业逐步发展壮大起来。梳理学者的研究可知，我国体育产业发展经历萌芽阶段（1978—1992 年）、起步阶段（1992—2000 年）、发展阶段（2001—2008 年）、腾飞阶段（2009 年至今）四个历史阶段[49]。对照我国体育产业发展历程，结合四川省体育产业实际，将四川体育产业发展划分为：起步阶段（1989—2000 年）、发展阶段（2001—2009 年）、腾飞阶段（2010 年至今）（如图 3-2 所示）。

图 3-2　四川省体育产业发展阶段划分

3.2.1 起步阶段（1989—2000 年）

四川省体育产业发端于国家经济改革浪潮中。党的十一届三中全会后，伴随国家经济体制转型发展，提出“以体为主，多种经营”的体育发展战略，鼓励事业单位开始多元化经营体育，并可寻求赞助[49]。1992 年，足球项目率先进行职业化改革，同时国家将体育产业发展的重点转移到产业化发展方向，相继出台一系列政策措施，明确发展方向，从国家层面指导体育产业发展。这一时期，政府对体育产业发展作用和影响巨大，政府主导地位凸显。在国内体育产业发展的大背景下，四川省体育部门从 1989 年着手四川对体育产业发展现状进行调研和梳理，充分掌握此时体育产业发展现状，对症施策。四川省体育主管部门在商品经济是社会经济发展的必要阶段理念的指导下，鼓励与体育相关的企业生产制造体育用品等，积极推动企业参与体育发展。1994 年，中国足球甲级联赛开赛，四川全兴足球队出现在职业联赛的舞台，20 世纪 90 年代初，全兴足球队在四川地区知名度极高，四川足坛也掀起“黄色狂飙”。伴随职业赛事的举行，四川体育产业也逐步发展起来。同时，四川省内各类场馆也逐渐建设起来。1988 年建成的四川省体育馆，是一座综合性体育场馆。1989—2000 年，四川省体育馆成功举办“第七届全运会四川赛区开幕式”“国际女排邀请赛”“男子篮球甲 A 联赛”“男、女排甲 A 联赛”等大型体育比赛 ，并承担过篮球、排球、乒乓球、羽毛球等各类综合性大型运动会、职业体育赛事、大型文艺活动等，是体育场馆建设和经营的典型案例。这一时期由于对体育产业认识的深度和广度不足，找不准发力点，使体育产业发展较为缓慢。

3.2.2 发展阶段（2001—2009 年）

2001 年，我国申奥成功，使体育产业发展迈入新的发展阶段。国家为筹办好第二十九届奥运会，从城市建设、体育基础设施建设、体育产业规划、管理等方面进行谋划，各地方政府也高度重视发展体育产业，促使体育产业体系不断健全。在此阶段，四川省从竞技体育入手，多措并举，不断强化竞技体育实力，成为体育产业发展的关键资源和核心要素。四川省先后组建了包括足球、篮球、乒乓球、游泳、体操等 30 余支竞技体育队伍，经过严格管理训练，各支队伍均在国际国内大赛中取得优异成绩。北京奥运会上，四川运动员获得 4 金、3 银、5 铜的喜人成绩，也是四川竞技体育高水平发展的成效。同期，四川省体育彩票产业也取得突破性进展，2001—2007 年，全省体育产业增加值年均增长 19.1%，高于全省 GDP（12.4%）6.7 个百分点；体育产业总产出为 22 亿元，增长 40.3%，2001—2007 年，体育产业总产出年均增长 17.9%；体育产业从业人员为 3.5 万人，2001—2007 年，全省体育产业从业人员年均增长 15.1%，高于全省从业人员（14.9%）0.2 个百分点。“十一五”期间，全省体彩销量达到 100.98 亿元，筹集公益金 31.18 亿元，逐渐成为体育产业重要的支柱，并成功承办了系列国际国内重大赛事，连续 26 年获得“全国最佳赛区”殊荣。两次承办“中国国际体育用品博览会”，拓展了体育用品市场。“成都国家体育产业基地”正式落户温江。全省共计投入 17 亿元，新建标准体育场地 2986 个，全省人均体育场地面积达 1.01 平方米，进一步加快体育场地（馆）建设。

3.2.3 腾飞阶段（2010 年至今）

国家高度重视体育产业的发展，2010 年，国务院出台《关于加快发展体育产业的指导意见》和 2011 年国家体育总局印发《体育产业“十二五”规划》是国家层面首次出台专门政策来推进体育产业发展[50]。尤其是 46 号文件成为体育产业改革发展的革命性文件，引领体育产业发展迈入腾飞阶段。在国家宏观政策指导下，加快体育强省建设，推进全民健身国家战略背景下，四川省积极响应国家政策号召，转变政府职能，相继制定《四川省足球改革发展实施方案》《四川省体育事业发展“十二五”规划》《四川省体育事业发展“十三五”规划》《四川省体育事业发展“十四五”规划》《四川省体育产业发展规划纲要（2011—2020）》《2020 年关于促进全民健身和体育消费推动体育产业高质量发展的实施意见》《四川省支持体育服务综合体建设发展十条政策》等文件，为体育产业发展提供有力的政策支持和保障。同时四川省宏观分析目前发展形势，为合理布局体育产业，完善体育产业体系，推进“一干多支、五区协同”区域发展新格局，进一步规范和指导四川体育产业发展。2010 年以来，四川承办国际性和全国性体育赛事 200 余场，极大地带动四川体育产业和周边产业的发展。“十四五”期间，在全球新冠肺炎疫情持续蔓延的新形势下，体育产业发展面临新挑战。在中华民族伟大复兴战略全局和世界百年未有之大变局叠加交互的时代背景下和国内国际双循环新发展格局战略背景下，四川省体育产业发展步入高质量发展阶段，提出体育产业发展主要目标，推动体育产业高质量发展，产业结构和空间布局不断优化、市场主体进一步壮大、体育消费不断扩大。以健身休闲业、竞赛表演业等为龙头、体育制造业与现代服务业融合发展的体育产业体系加快形成，打造一批川味浓厚的特色赛事 IP，体育彩票销量稳中有升，体育产业总规模达到 3200 亿元，增加值占全省地区生产总值比重突破 2%，居民体育消费总规模超过 1900 亿元，从业人员超过 40 万人，体育产业成为新的经济增长点。

3.3　四川省体育产业相关数据分析

改革开放以来，四川省体育产业开始逐渐发展，产业规模从无到有、从小到大逐步变强。数据显示，2020 年，四川省体育产业总规模为 1734.02 亿元，增加值为 648.02 亿元，占当年四川省 GDP 的比重为 1.33%。从名义增长看，总产出比 2019 年增长 9.6%，增加值增长 7.5%。同时也带动了其他产业，如旅游、传媒、养老、教育、金融等相关产业的发展。四川省体育产业迎来发展的春天，是伴随经济的不断发展，人民生活水平质量的提高，国家政策大力的扶持。四川省虽拥有丰富的人文以及地理环境，人口数量众多，由于地处西部地区，经济发展较为缓慢，体育产业的正常发展受到阻碍，四川省体育产业的突出特征表现是：规模小，发展快，产业结构和空间布局不合理，在国民经济中占比不高，但发展潜力上升空间巨大。对四川省体育产业近年来的数据进行对比分析，找出四川省体育产业的发展状况以及发展趋势，并提出相关对策。

3.3.1　四川省体育产业总规模

《国家体育产业统计分类》将体育产业分为 11 个行业类别。见表 3-7 和表 3-8 所列，四川省体育产业门类全，11 个行业类别中都对四川省体育产业做出过贡献，但也能直观看出发展的不均衡。数据显示，四川省 2018—2020 年间各行业类别的总规模和增加值都呈现出逐年递增态势，发展势头强劲。从体育产业内部结构来看，体育服务业发展优势明显，三年间增加值分别为 419.22 亿元、472.24 亿元和 511.02 亿元，在体育产业增加值中占比为 79%、

78.3%和 78.93%。体育制造业和体育建筑业发展相对缓慢，体育制造业三年间增加值分别为 74.21 亿元、90.15 亿元和 94.17 亿元，所占比重分别为 14%、15%和 14.5%。体育建筑业三年间增加值分别为 36.91 亿元、40.22 亿元和 42.83 亿元，所占比重分别为 7%、6.7%和 6.6%。但从每个行业总规模和增加值来看，其他体育服务业和体育用品及相关产品制造业是现阶段四川省体育产业发展主阵地和重点领域。体育竞赛表演业、体育场地和设施管理总体规模所占比重相对较小，表明四川省体育产业发展存在不平衡现象。受新冠肺炎疫情影响，体育竞赛表演业增长幅度降幅较大。为应对这种不可抗拒的外部影响，四川省着力筹办高水平商业体育赛事，点燃群众观赛热情，促进竞赛表演业发展。支持发展足球、篮球、自行车、赛车、智力运动等以运动项目为核心内容且具有消费引领特征的电竞产品。发挥体育赛事作为体育消费的龙头带动作用，持续举办“全域天府”系列赛事，加快构建自主品牌体育赛事活动体系，打造 3～5 个具有四川自主知识产权的体育竞赛表演品牌，引进并培育 3～5 项具有较高知名度的国际体育精品赛事。持续办好“巴山蜀水·运动川渝”体育旅游休闲消费季。同时，四川省体育产业可喜之处是体育健身休闲、体育教育与培训、体育用品及相关产品销售、出租与贸易代理、体育场地设施建设等行业快速发展，为体育产业的发展贡献力量，可看出四川体育产业的结构正在向合理优质方向转变。

表 3-7　2018—2020 年四川省体育产业总产出和增加值

行业类别	总量（亿元）					
	总产出			增加值		
	2018 年	2019 年	2020 年	2018 年	2019 年	2020 年
体育管理活动	39.72	41.13	45.79	24.85	25.71	26.47
体育竞赛表演活动	7.45	12.12	13.4	2.86	3.42	3.52
体育健身休闲活动	103.34	119.17	148.83	50.87	62.19	77.31
体育场地和设施管理	34.18	37.32	38.06	17.86	18.69	18.97
体育经纪与代理、广告与会展、表演与设计服务	48.72	50.54	61.1	17.08	18.69	21.6

（续表）

行业类别	总量（亿元）					
	总产出			增加值		
	2018 年	2019 年	2020 年	2018 年	2019 年	2020 年
体育教育与培训	104.68	119.81	137.71	64.82	72.26	79.77
体育传媒与信息服务	110.72	135.74	153.01	57.47	68.6	76.19
体育用品及相关产品销售、出租与贸易代理	166.09	221.07	231.82	87.97	97.96	100.3
其他体育服务	321.91	339.68	340.59	95.44	104.62	106.89
体育用品及相关产品制造	313.24	333.84	357.52	74.21	90.15	94.17
体育场地设施建设	160.57	172.26	206.19	36.91	40.22	42.83

表 3-8　2018—2020 年四川省体育产业各类总产出和增加值占比

行业类别	结构（%）					
	总产出			增加值		
	2018 年	2019 年	2020 年	2018 年	2019 年	2020 年
体育管理活动	2.8	2.6	2.7	4.7	4.2	4.1
体育竞赛表演活动	0.5	0.8	0.8	0.5	0.6	0.5
体育健身休闲活动	7.3	7.5	8.6	9.6	10.3	11.9
体育场地和设施管理	2.4	2.3	2.2	3.4	3.1	2.9
体育经纪与代理、广告与会展、表演与设计服务	3.5	3.2	3.5	3.2	3.1	3.4
体育教育与培训	7.4	7.6	7.9	12.2	12	12.3
体育传媒与信息服务	7.9	8.6	8.8	10.8	11.4	11.8
体育用品及相关产品销售、出租与贸易代理	11.8	13.9	13.4	16.6	16.2	15.5
其他体育服务	22.8	21.5	19.6	18	17.4	16.5
体育用品及相关产品制造	22.2	21.1	20.6	14	15	14.5
体育场地设施建设	11.4	10.9	11.9	7	6.7	6.6

数据来源：四川省体育局官网、四川省统计局官网、《四川体育年鉴》（2018—2020 年）

3.3.2 四川省体育产业市场主体和从业人口分布情况

“十四五”期间，四川省积极培育扶持一批在全国具有一定影响力的体育明星企业，支持优势企业、优势品牌和优势项目在省内连锁布局，鼓励“走出去”跨省域拓展市场。从表 3-9 中看出，其他与体育相关的服务行业市场主体数量最多，占到总数的 44.7%。近年来，四川省始终把满足人民健康需求、促进人的全面发展作为体育工作的出发点，把创新、协调、绿色、开放、共享五大发展理念贯穿于体育产业发展全过程。探索自然资源向户外运动开放，支持社会力量参与建设全省户外运动营地，大力发展体育旅游业；打造攀西地区为运动康养胜地；2020 年，成都举办体育消费博览会，助力成都创建“国家体育消费试点城市”；体育彩票管理安全平稳运行，利用彩票公益基金新建农民健身工程行政村项目、农民健身工程乡镇项目、社区多功能运动场项目、社区健身中心，进一步完善了城乡公共体育服务设施。从业人口中体育健身休闲活动占比最大，达 23.8%。参加体育活动已经成为人们的新追求。2020 年，新冠疫情暴发以来，人们的健康意识进一步增强，加强体育锻炼，增强体质的认同感强化，日常参与体育锻炼的人数急剧增加。

表 3-9 四川省体育产业各行业市场主体和从业人口分布情况

行业类别	市场主体		从业人口	
	个数	占比/%	个数	占比/%
体育管理活动	524	1.9	5821	1.9
体育竞赛表演活动	1424	5.2	9363	3
体育健身休闲活动	5757	20.8	73 749	23.8
体育场地和设施管理	379	1.4	40 255	13
体育经纪与代理、广告与会展、表演与设计服务	230	0.8	2335	0.8
体育教育与培训	1141	4.1	25 115	8.1
体育传媒与信息服务	529	1.9	21 753	7

（续表）

行业类别	市场主体		从业人口	
	个数	占比/%	个数	占比/%
其他体育服务	12 357	44.7	49 679	16
体育用品及相关产品制造	629	2.3	23 063	7.4
体育用品及相关产品销售、出租与贸易代理	4591	16.6	52 990	17.1
体育场地设施建设	76	0.3	5969	1.9

数据来源：四川省体育局官网数据整理

相比之下，四川省体育产业各行业的市场主体数量和从业人口数量之间差异较大，不均衡发展现状仍然严重。体育管理活动、体育场地和设施管理、体育经纪与代理、广告与会展、表演与设计服务、体育场地设施建设等占比较少，在体育产业价值链中竞争力不强，这也是今后需要着力提升的领域。体育用品及相关产品制造的数据显示中规中矩，目前四川省缺乏一些知名度高的企业，体育用品和相关产业制造还未迈入高端领域。

随着经济发展进入“新常态”，单一的制造加工业已经不能满足经济发展的需求，体育产业从业人员应该更多地向高素质、专业性强的人才发展。

见表 3-10 所列，四川省 18 个地级市、3 个自治州的体育产业市场主体和从业人口数量主要集中在省会成都市，市场主体数量占比 37.4%、从业人口占比高达 51.1%。阿贝州和甘孜州市场主体和从业人口占比均不足 1%。同时，广元市、遂宁市、资阳市、巴中市、雅安市两项数据占比也较低，发展相对落后。这些数据背后反映出各市州之间体育产业发展极其不均衡，这与其城市经济发展、体育设施建设、交通、公共体育服务等息息相关。因此，发挥各地区资源优势，加强区域协同发展是今后四川省体育产业发展的重要导向[51]。

表 3-10 四川省各市州体育产业市场主体和从业人口分布情况

市州	市场主体		从业人口	
	个数	占比/%	个数	占比/%
成都市	9380	37.4	133 996	51.1
泸州市	1459	5.8	13 101	5
南充市	1056	4.2	11 961	4.6
乐山市	1352	5.4	8805	3.4
绵阳市	1471	5.9	8439	3.2
广元市	549	2.2	8109	3.1
内江市	788	3.1	7620	2.9
自贡市	927	3.7	6910	2.6
遂宁市	562	2.2	7408	2.8
达州市	669	2.7	6533	2.5
广安市	758	3	6226	2.4
德阳市	1118	4.5	6208	2.4
宜宾市	1247	5	5819	2.2
攀枝花市	528	2.1	5613	2.1
眉山市	1004	4	6643	2.5
凉山州	662	2.6	5875	2.2
资阳市	449	1.8	4206	1.6
巴中市	328	1.3	2471	0.9
雅安市	365	1.5	2669	1
阿坝州	225	0.9	1985	0.8
甘孜州	175	0.7	1808	0.7

数据来源：“一带一路”倡议背景下四川省体育产业发展路径研究一文整理

3.3.3 四川省体育产业空间分布

当前，四川省内各市州按照省体育局体育产业发展规划，结合各地区资源发展相应的体育产业，各市州体育产业发展各具特色，相得益彰。但从表 3-11 中数据可直观看出，四川省体育产业空间分布不均衡问题仍然突出。体育产业发展重心汇集在省会成都市，总规模和增加值占比分别达 51.3%和 52.9%，体育产业总规模和增加值最少的市州为甘孜州，两项指标仅占总量的 0.6%和 0.5%，与成都市的差距巨大。同时，凉山州、资阳市、巴中市、雅安市、阿坝州等地区体育产业规模较小，发展速度较慢。表 3-12 中显示，四川省五大经济区中成都平原经济区的总规模和增加值依然是最多，占总量的 67.5%和 68.7%，体育产业规模最小的川西北经济区总规模和增加值占比仅为 1.3%和 1.2%。

表 3-11 四川省各市州体育产业分布情况

市州	总产出		增加值	
	亿元	占比/%	亿元	占比/%
成都市	517.53	51.3	188.18	52.9
泸州市	57.43	5.7	19.87	5.6
南充市	45.5	4.5	15.43	4.3
乐山市	35	3.5	11.9	3,3
绵阳市	32.17	3.2	11.2	3.1
广元市	30.78	3.1	10.15	2.9
内江市	28.78	2.9	9.84	2.8
自贡市	29.38	2.9	9.74	2.7
遂宁市	27.8	2.8	9.31	2.6
达州市	25.69	2.5	8.68	2.4
广安市	23.95	2.4	8.62	2.4
德阳市	22.97	2.3	8.46	2.4

（续表）

市州	总产出		增加值	
	亿元	占比/%	亿元	占比/%
宜宾市	23.53	2.3	7.96	2.2
攀枝花市	22.28	2.2	7.74	2.2
眉山市	20.98	2.1	7.12	2
凉山州	18.47	1.8	6.17	1.7
资阳市	15.6	1.5	5.18	1.5
巴中市	9.2	0.9	3.01	0.8
雅安市	8.83	0.9	2.9	0.8
阿坝州	7.18	0.7	2.38	0.7
甘孜州	5.64	0.6	1.89	0.5

表 3-12　四川省五大经济区体育产业分布情况

经济区	总产出		增加值	
	亿元	占比/%	亿元	占比/%
成都平原经济区	680.89	67.5	244.25	68.7
川南经济区	139.11	13.8	47.41	13.3
川东北经济区	135.12	13.4	45.9	12.9
攀西经济区	40.76	4	13.91	3.9
川西北经济区	12.82	1.3	4.26	1.2

数据来源：四川省体育局、四川省统计局和“一带一路”背景下四川省体育产业发展路径研究一文整理

为优化体育产业空间分布，四川省提出要逐步构建起“一核一轴四带五区”的体育产业发展空间布局，充分发挥成都“头雁引领”的积极作用，引领全省体育产业快速发展。着力建设山地运动、水上运动、冰雪运动、航空运动四大运动产业带，推动全省户外运动产业健康发展。加快推进成都平原、川南、川东北、攀西、川西北生态 5 个体育产业发展区协同发展。

推动冰雪项目、地区特色品牌赛事、体育制造业集群、民族传统体育、山地户外运动休闲城市、体育旅游、训练基地、运动康养胜地等项目的发展。

3.4 四川省体育产业存在的问题

中国体育产业形成于20世纪80—90年代中期。在2018年，体育产业从业人员首次超过400万人，实现增加值第一次突破万亿元约100 78亿元，占GDP的1.1%。从2006—2013年，年均增长率达到20.2%，远高于GDP的增速，已成为新的经济增长点。尤其是东部沿海省市发展迅猛，北京、上海的赛事业、福建的体育用品制造业、广东的体育会展业发展较快，特征鲜明。我国体育产业总体来讲还处于初级阶段，与发达国家相比，还有一定的差距。与我国体育产业发展历程类似，四川省体育产业在发展初期取得了一定的成绩，但存在体育产业区域发展不均衡、体育产业结构和空间布局不合理等问题制约体育产业的快速发展，与东部经济发展迅速的地区相比差距依然存在。

3.4.1 市场主体缺乏多元化

体育产业市场的有序健康发展得益于投资者、经营者、消费者、周边企业等市场主体的各司其职。国家政策降低社会资本进入体育产业的壁垒，鼓励更多的社会资本积极参与体育产业发展中，转变政府职能，顺应市场发展规律，进一步推动体育产业发展[52]。《四川省体育事业发展“十三五”规划》中指出需要培育多元市场主体，加强政府与社会资本合作，积极支持社会力量进入体育产业，鼓励引导和扶持具有市场潜力的中小体育企业，加强做好媒体宣传，建立各类体育频道和体育网络媒体。但落实过程中由于市场体制机制的不健全，四川省体育产业市场主体不成熟，多元化市场主体尚未形成，体育产业市场起步较晚，企业自身力量发展困难，对于政府的依赖较大。现阶段体育产业市场中，国有企业、大型民营企业仍是市场的主体，大型体育龙头企业严重缺乏，中小企业参与度不高；一些市场主体法律意识不强，在实际操作中违规操作，造成体育产业市场恶性循环；职业体育赛事市场运营能力差，赛事影响力和品牌价值尚未凸显，同时职业体育管理体制不全，赛场越轨行为仍时有发生，球迷的不理智为赛事带来严重的负面影响，严重影响职业体育的职业化进程；未构建体育主流媒体，在宣传推广体育产品和服务方面仍需进一步强化；体育中介服务市场不健全，体育中介机构数量少，规范性差，难以满足体育产业市场深度发展。

3.4.2 产业规模总量小、结构不合理

四川省作为西南地区经济发展较快的省份，但全省体育产业总规模相比东部地区部分省份差距仍然较大，四川省政府认识到体育产业在国民经济中的作用，力争在 2023 年体育产业总规模达到 2300 亿元。纵观四川省体育产业收入情况，体育竞赛表演收入、体育场地和设施管理收入占比较少，体育服务收入、体育用品及相关产品制造、体育用品及相关产品销售、出租与贸易代理收入等占比较大，这充分说明四川省体育产业结构的不合理，发展不平衡。四川省体育产业转型发展中还未能形成体育服务业引领体育产业发展的新格局。区域经济巨人的差异化是造成体育产业发展不平衡的重要原因。根据经济发展实际情况，四川省现有五大经济区域，即成都平原及其周边地区、川东及川东北地区、攀西地区、川南地区和川西高原地区。成都作为四川省省会，经济社会发展在全省乃至全国排在前列，成都平原及其周边地区体育产业收入明显高于其他四个经济区域，占到全省 GDP 收入的约 0.4%，以此带动的周边产业收入也高于其他四区，因此，均衡区域发展是扩大规模和合理布局的重要途径。

3.4.3 运营大型体育场馆能力差

四川省内现有的大型体育场馆主要有四川省体育馆、成都体育中心、绵阳九州体育馆、绵阳南河体育中心、德阳市体育馆等，这些体育馆的建设绝大部分是依靠政府的投入，社会资本进入较少，同时建造时间较长，

建立之初并未考虑太多市场运营因素，经过 20 余年的发展，场馆老化、设备陈旧、场馆服务单一等问题凸显，无法满足消费者的需求[53]。大型体育场馆运营模式单一，盈利能力较差。对于大型体育场馆的公益性价值和经营价值定位不准，是否无偿向群众开放，还是租赁进行商业运作问题一直未解决。同时体育场馆管理方面专业化程度不够，管理人员大多数为非专业人士，年龄结构趋于老龄化。运营体育场馆没能成为体育产业收入的重要组成部分。因此四川省的大型体育场馆有些租给职业体育俱乐部，俱乐部为规避投资风险，不愿意在场馆建设和运营方面进行投入，满足其用即可，这也造成观众观赛体验感差，现场观赛人数不多的恶性循环。一些大型体育场馆出现闲置的问题。如何改变这种局面、完善场馆周边配套设施、创新场馆经营模式和盈利模式成为四川省体育场馆建设、服务领域的核心问题。借鉴发达国家经验和目前四川省体育产业结构来看，在体育产业未来的发展中，经营体育场馆将成为体育产业收入的重要组成部分。依托大型体育场馆的经营，带动体育场馆服务和体育场地设施建设的发展，进一步优化四川体育产业结构。

3.4.4　法规政策缺失

现有的体育产业发展的相关法规政策来应对如今的市场化进程已明显不够，亟待完善投入、收费、税收、市场管理、土地使用等方面的法规政策，制定符合现今金融、新兴产业发展等方面的法规政策。但一些体育项目的开发和运营必须通过企业自身去完成，运营成本比较高，抵御市场风险的能力也比较低，就会出现热情投进来，却很快又会流走的现象。

3.4.5　体育产业高素质人才匮乏

高层次、专业化的体育产业人才是提升体育产业核心竞争力的重要因素。专业体育经营管理人员、体育经纪人、运动队教练、学校体育工作者等人才素质和能力的提升，对于四川省体育产业的高质量发展影响重大。四川省高校体育人才较比东部沿海地区在数量与质量上整体有一定的差距，一定程度上限制了四川体育产业发展。2018 年的统计数据显示，四川省体育产业从业人员约为 31 万人。对近年来四川省体育产业从业人员结构的分析中得出：25%左右的人员从事与体育用品制造、销售、体育、健身培训相关的工作，10%左右的人员从事体育传媒、信息服务等工作，然而在体育经纪人、体育代理、体育广告等体育衍生行业从业人员相对较少。体育产业与金融、科技、旅游、健康领域的融合发展，以及四川省推动的五大经济区体育产业发展中，高层次复合型体育人才显得尤为重要，人才匮乏必然成为体育产业高质量发展道路上的“绊脚石”。另一项数据中，四川省在编运动员、业余裁判员、社会体育指导员、业余体校、盈利性体育俱乐部、后备人才培养基地等数量相对较少，四川省作为全国排名前列的人口大省，这些数据显示出四川省体育产业人才资源缺乏，产业链各环节中竞争优势不强。同时，在体育产业人才培养模式、人才队伍建设机制、管理机制、用人机制、激励机制等不完善也是造成人才匮乏的主要原因。

3.4.6 自主体育产业项目品牌化程度低

四川省体育产业在落实品牌战略中存在差异，自身独特的资源优势未能深入挖掘，缺乏品牌体育赛事（项目）。打造品牌和打造川味浓厚的赛事 IP 是“十四五”期间四川省体育产业发展目标之一。逐步构建健身休闲业、竞赛表演业等为龙头、体育制造业与现代服务业融合发展的体育产业体系。体育旅游行业是比较受欢迎的一个体育产业项目，四川省在近几年也有所发展，但还有很大的提升空间。四川得天独厚的自然条件非常有利于体育旅游的发展，如西岭雪山、峨眉山等景点爬山、漂流、滑雪、徒步穿越、自驾车、自行车、野外探险的体育旅游活动。四川西南部可以开展将少数民族的民族体育运动与旅游相结合的发展模式。借助地区资源和环境优势，打造德阳冰雪运动项目建设、眉山以篮球运动为特色打造“运动眉山”品牌、乐山地区发展峨眉武术产业、自贡西南自行车赛事中心建设、成都和宜宾打造赛事名城、南充打造国际钓鱼赛事、广安发展体育旅游、攀枝花打造康养胜地、甘孜州和阿坝州户外运动产业发展等。同时，电子竞技近年来发展势头迅猛，市场前景广阔，相比之下，四川省在该领域发展滞后。培育和发展新型体育产业项目应在今后的发展中被重视和大力发展。

3.4.7 体育产业竞争力不够

体育产业竞争力来源于高级要素的投入和培育，四川省地方政策的支持和人们收入的不断提升，对体育产业规模的逐渐扩大意义重大，也会影响四川体育产业的竞争力。目前，四川省体育产业体系门类较为齐全，但结构不太合理。体育产业与文化、旅游、餐饮、娱乐等领域有一定的融合，但深度和广度不足，优势不明显，特色不突出。区域协同发展力度不够，未能形成产业集聚化发展趋势，经济发展较快市州的带动作用不明显。这些问题的存在造成四川省体育产业竞争力不强，竞争优势不突出。如，四川职业体育赛事的举办，并未给球迷创造餐饮、娱乐、休闲等平台，更谈不上球迷的消费行为。2015—2016 赛季 CBA 总决赛上，四川主场出现一票难求的局面，球市异常火爆，四川金强男篮凭借出色的发挥成功地捧起总冠军奖杯，也成为 CBA 历史上第五支获得总冠军的球队。但随着三名外援的解散和部分国内球员的转会，在 2016—2017 赛季，冠军之师的四川男篮在本赛季未进入季后赛，整个赛季四川主场的球迷上座率一直不高。从两个赛季球迷上座率的对比可以看出，四川职业体育赛事并未真正吸引球迷而成为球迷心中不可取代的地位，未形成竞争力。四川男篮是四川职业体育的缩影。

3.4.8 部分区域体育观念落后与产业意识不强

四川省经济发展落后地区参与体育的意识还不强，体育消费主要集中在体育服装等，一些人受传统思想束缚，没有以体育锻炼提升自身健康的意识。受学校体育教育少的影响，青少年缺乏体育技能，没有养成参加体育锻炼的习惯。大部分人也是以工作和家庭为主，因此很少有时间抽空出来参加体育锻炼。四川省人口众多，一些偏远、贫困地区在满足物质需求后还未能认识体育锻炼的重要性，参与体育活动的人口自然变少。从整体的消费结构来看，体育消费占比较少。同时受地区传统思想文化的影响，体育消费意识不强，传统的小农意识仍然占据主流。正因如此，这些地区体育产业发展相对缓慢，主动从事体育相关经营的人和企业数量较少，进而限制了区域体育产业的发展。相比而言，城市居民参与体育活动意识和体育消费意识相对稍好，但一些人对体育锻炼的理解也仅停留在购买相关器材进行锻炼初级的阶段，忽视了健身方式的选取与学习是否符合自身情况，体育观念仍然存在落后的现象。透过存在的问题我们也可看出，四川省体育消费空间大。宣传好体育的功能、价值，科学地引导人们参与体育活动，将极大地扩大内需，促进体育消费，拉动体育产业快速发展。

3.5 四川省体育产业发展趋势

四川省 2017 年人均 GDP 为 4.58 万元，2018 年为 5.17 万元，2019 年为 5.56 万元，2020 年为 5.8 万元，2021 年为 6.43 万元，逐年呈上升趋势，民众的生活水平正在不断提高。四川省体育产业发展蕴涵无限的潜力。

3.5.1 体育产业发展思路逐渐明晰

随着体育领域改革的深入推进，我国体育产业的发展迎来了良好的发展空间和机遇。四川省在落实国家重大战略决策部署的过程中，全面分析体育产业面临的机遇和挑战。针对性地出台多项利好政策，为四川省体育产业的发展提供良好的政策环境，将有力地促进体育产业的发展。省内各地市州下一步要重视对政策的落实，切实利用好政策红利，优化体育产业市场发展环境，解决好区域发展不均衡、产业结构和空间布局不合理、品牌赛事匮乏等问题。新时代和加快建设体育强国赋予职业体育发展新目标。职业体育高质量发展是加快建设体育强国的一项重要工程，也是满足人们多元体育需求的重要途径。46 号文件出台后，社会力量投资体育产业的热情高涨，体育产业发展的内部需求不断增大，这就要求不断优化体育产业供给，进而促进体育消费升级。四川省内各市州创新体育消费服务机制，丰富体育服务消费内容，打造体育服务消费平台，不断扩大体育消费总体规模。四川省打造篮球、足球、冰雪、户外运动、武术、航空等运动项目特色产业，为体育产业发展注入活力和生命力，盘活和带动全省体育产业各领域发展。在新发展理念指导下，加快推进体育用品制造向体育服务业转型发展，发挥体育竞赛表演业的引领作用，带动其他业态发展。推动四川特色职业体育发展，积极探索符合世界竞技体育发展趋势与全省经济社会发展相适应的职业体育发展机制。加强政府对职业体育发展的引导和行业监管，鼓励具备实力的运动项目走职业化发展道路。制定四川职业体育管理办法，建立政府引导、市场支撑、产权明晰、管理规范、运行高效的职业体育管理体制，提高职业体育规范化水平。完善职业体育俱乐部法人治理结构，加快俱乐部现代企业制度建设，强化协会对职业体育的业务指导，探索适应省情和职业体育特点的职业运动员管理制度。创新职业体育赛事运营模式，优化生产价值链、传播价值链、消费价值链，提升职业体育赛事盈利能力和带动周边产业快速发展。

3.5.2 体育产业布局趋向合理化

四川省结合省情和体育产业发展现状，2015 年，颁布《关于加快体育产业发展促进体育消费的实施意见》，提出力争到 2025 年四川省打造为“中西部地区体育产业发展高地”、打造一批“具有全国影响力知名企业”和“具有市场竞争力体育产业基地”。围绕这一目标，先后对体育产业进行大量调研，并得出重要的数据统计，为体育产业的合理化布局提供理论和实践支撑。

根据地区经济发展现状、人们体育消费水平、外部资源环境，四川省从宏观层面对省内体育产业进行布局，以整体规划、突出优势、整合资源、产业集聚为思路，加快构建“一极两带三区多园”的体育产业区域布局，即以成都市作为四川省体育产业的龙头发展极，在省内二线城市（乐山、眉山、德阳、绵阳）等地打造特色的体育培训、赛事产业带和甘孜、阿坝、凉山、攀枝花、雅安等地体育运动和体育旅游的产业带。打造川南、川东、川北三区为体育产业潜力增长区。结合地方特色，打造一批运动休闲城市、武术产业基地、户外运动基地、运动康养基地等产业，以此形成四川省体育产业多元发展的新局面。同时，抓好特色产业。发展具有地方特色的民族民间的体育产业，深度开发康巴文化、彝族文化、藏羌文化、摩梭文化内涵，努力继承发展民族体育非物质文化遗产。依靠“藏彝文化”“羌族文化生态走廊”，充分发挥“藏族赛马节”“彝族火把节”“广元凤舟节”等民族民间庆祝活动的集聚效应，深入挖掘民族和民间体育项目，打造特色风格的体育产业。总体来说，围绕“一极两带三园多区”的区域规划，结合四川省各个地区的自然地理环境与人文环境，找出一条适合四川省体育产业发展道路，并提升产业品牌效应，努力在国内乃至全世界树立体育产业品牌。政府加快体育基础设施建设，提升公共体育服务质量，让居民有健身活动场地和器材，提供良好的环境使群众参加体育运动，提高大众参加体育运动的积极性，从而带动体育产业的快速发展，让体育事业与体育产业有机结合起来。

3.5.3 大型体育赛事的承办区域成型

大型体育赛事一般与社会发展联系密切，从来不是独立存在，是经济现代化快速发展中不可忽视的动力，是城市化进程中资本实力的增长和文化传播的需要。大型体育赛事在促进城市社会、经济、文化发展中起举足轻重的作用。究其原因在于大型体育赛事的市场前景巨大，同时与其他产业产生关联效应。2008 年，北京奥运会的成功举办，加速了我国体育事业的发展，转变人们参与体育活动的观念，可见大型体育赛事对区域社会经济的重要性。早在 2005 年，四川省就提出“体育强省”的发展战略，指出创新体育竞赛表演的市场运营模式，让体育竞赛表演创造更大的经济价值。在利好政策的指导下，四川省在今后的十余年时间内多次举办大型体育赛事，且举办数量在逐年增加。2025 年前，四川省将承办多项国际大型体育赛事，体现出四川省举办世界性大型体育赛事的实力。目前，四川省已逐步形成四大赛事承办城市群；成都平原、川南、川东、攀西。大型体育赛事的举办也为打造城市品牌，宣传城市提供了良好的平台。注重宣传城市群或其核心城市的特色，从城市群的整体文化风貌入手，详解其存在和发展的历史，打造独特的城市群的特色，然后把这种特色融入所举办的体育赛事中，使其成为城市群的特色名片。

3.5.4 体育用品业持续发展

体育消费群体数量的增加，带动了体育用品行业的发展。近年来，四川省体育用品持续发展的另一个重要因素是省内大型体育博览会的举办。从2011—2019年，四川省举办多场国际体育用品博览会和体育消费博览会，畅通了体育用品的流通渠道，让更多国外的体育用品进入国内，也为我国的体育用品布局全球打开窗口，这为体育消费群带来极大的选择空间，进一步刺激体育用品消费水平，助力构建“国家体育消费试点城市”。四川省内体育用品专营店，大、中、小型百货商场（店）较多，累计营业收入每年30多亿元。目前，四川省体育用品业已形成一定的规模，成为西南地区主要的体育用品集散地。今后发展中切实推进品牌战略的实施，打造知名体育用品和体育衍生产品，更好地满足人们多元化的体育用品需求，提升体育用品及相关产品销售、贸易代理与出租行业的核心竞争力，使其产生更大的经济价值。

3.5.5 体育彩票业蓬勃发展

20世纪90年代，四川省体育产业发展之初就成立四川省体育彩票发行中心，发行一年多后便创下国内发行增长速度第一和人均消费体育彩票第一的大好局面。四川省体育彩票也一直发展较好。长期以来体彩公益基金为农村体育基础设施建设、体育运动场（地）、居民健身活动项目等城乡公共体育服务设施建设提供大量经济支持，为体育产业的发展做出巨大的贡献。坚持建设负责任、可信赖、高质量发展的国家公益彩票定位，全面加强体育彩票管理，完善体育彩票风险防控长效机制。突出责任先导理念，深化责任彩票建设，实现责任彩票建设四级评估达标。塑造健康向上的品牌特性，持续推进体育彩票公益、公信、责任价值观建设。优化渠道布局和渠道结构，提升渠道服务水平，统筹产品管理，实施差异化营销策略，实现客群结构进一步优化，客户购彩体验显著提升。加快转型发展和创新驱动，加强技术保障、运营管理和人才队伍建设，提高体育彩票发行销售整体效能。加强体育彩票公益金使用的管理和宣传，助力体育事业发展。在遵循市场发展规律的前提下，四川省规范化管理体育彩票，促使体育彩票销售发行连创佳绩，在全国体彩销量下降下实现逆增长。相关数据统计显示，2017 年，全省销售体彩达到 47.16 亿元，全年筹集公益金 13.31 亿元，上缴财政收入 1.03 亿元，全省体彩年度市场份额达到 34.6%。截至 2019 年，体彩销量约 86 亿元，排在全国第 9 位。四川体彩销售坚持以提高便利性为核心，不断地提高网点覆盖率，到 2017 年年底，电脑彩票网点数量已达 6703 个。

3.5.6　产业融合和区域协同向纵深发展

四川省体育产业与相关产业的融合发展已从起步阶段的“强拉硬拽”转型成深度融合。“十四五”期间，四川省支持各类户外运动项目与文化旅游产业融合，发展数字文体旅游、康养体育旅游等新业态，培育创建一批国家级和省级体育旅游示范基地、体育旅游精品赛事、体育旅游精品线路。大力推进体育产业人才培养基地的建设，支持省内高等院校、研究机构、知名企业合作共建集产、学、研、转、创、用于一体的高水平体育产业学院，持续开展“体育经理人等级培训与能力测评项目”培训业务，推动全省体育培训市场快速健康增长。推动体育与金融融合发展，鼓励社会资本设立体育产业投资基金，引导保险公司开发运动保险产品，建立银政企联席工作会议制度，支持将体育企业纳入各市（州）政府性融资担保机构支持范围，支持符合条件的体育企业发行社会领域产业专项债券，打造西部体育产业金融服务中心，更好地服务体育实体经济。实施体育产业数字化战略，加快体育与互联网融合发展，推进体育产业重点领域数据库建设。

在国家区域协同发展战略大背景下，四川省充分发挥经济发展势头强劲的各市州带动作用，构建五大经济发展区的空间布局，带动全省体育产业快速发展。依托各经济区资源禀赋，打造品牌体育产业项目，打破各经济区空间发展不均衡局面。同时，在成渝地区双城经济圈建设带动下，建立成渝体育产业联盟，支撑带动川渝体育产业一体化发展，拓宽地区间协同发展的深度和广度。

3.5.7 户外运动助力体育消费持续增长

四川省体育消费总额在不断递增，数据显示，2014 年，四川省已成为全国第二大体育消费地区，西南地区体育消费第一大地区。四川省内体育运动爱好者大量消费户外体育用品是促成体育消费大增的主要因素。据统计，人们经常参与的运动中，户外运动占到 17%，2020 年，户外体育用品消费占人均体育消费的 39%以上。2020 年，四川省常住人口数量排名全国第五，省内线下户外运动商圈密集，如，成都武侯祠大街是著名的户外用品销售街区，为户外消费提供了良好的环境氛围。加之四川省雪山、高原等天然的户外旅游资源集中，逐渐成为户外运动爱好者首选地之一。因此四川体育产业的未来发展需要重视户外运动的开拓，注重自然资源与体育融合的发展。近年来，四川省提出以省内现有的自然资源为依托，打造“骑遍四川”的自行车赛事、“游遍四川”水上运动项目和赛事、打造“飞遍四川”航空运动赛事、打造“驾遍四川”汽车系列赛事等户外运动重点项目。

体育产业未来将有很好的发展趋势，需要大力发展群众体育，努力实现体育产业与体育事业的良性互动，只有提高群众参与体育运动的积极性，才能更好地带动体育产业的发展。加快建设“一极两带三区多园”的产业区域规划，结合四川省的自然地理与人文优势，建设一批有特色、竞争力强的体育产业链。加快推进国际知名赛事落户成都，成都市是西南地区最大、辐射能力最强的城市，国际知名赛事落户成都，加快了体育衍生产业的发展。体育旅游、体育影视、体育经纪人、体育出版、体育广告、体育娱乐等产业已成为体育产业中价值巨大的 IP，深挖这些延伸产业将极大地壮大体育产业的规模。

3.6 四川省体育产业优化发展的路径构建

四川省体育产业优化发展路径如图 3-3 所示。

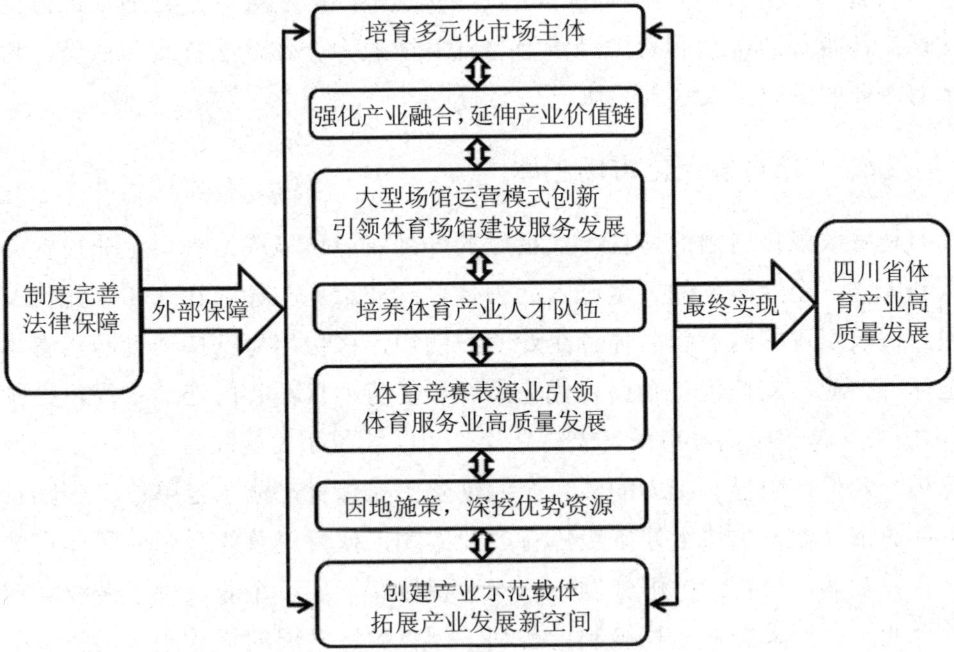

图 3-3　四川省体育产业优化发展路径图

3.6.1 制定和完善体育产业政策和法律法规

市场的发展离不开政府的调控与支持，体育产业作为市场的一部分同样如此。四川省在促进体育产业发展方面制定了相应的规划、政策，但大都较为宏观，未能将制度细化，致使相关政策执行力不强。良好的政策环境保障体育产业稳定有序发展，省政府在充分调研的基础上，了解亟待解决的问题。在国家宏观政策的指引下，有针对性地制定促进地区体育产业发展的政策，如体育基础设施建设、体育彩票、体育公益事业、体育企业单位优惠政策等方面的扶持政策，确保体育产业各环节受制度保障和规范发展。完善体育产业法制建设，进一步提升体育产业发展质量。加强体育市场的立法管理，结合实际情况，在体育竞赛表演业、俱乐部运营、大型体育场馆运营、群众体育活动、健身娱乐市场等方面制定和完善相关法律法规，提升体育产业价值链各环节的法律保障；同时体育行政部门需要根据四川省内各地区不同的体育市场发展状况，因势利导制定合适的地方性法规；体育行政部门和有关经济监督部门要通力合作依法行政和监督，将体育产业的发展纳入法制的轨道。

3.6.2 培育多元化市场主体

利好政策打造出的体育产业良好的外部发展环境成为吸引企业投资的有利因素，企业资本的大量进入助力体育产业市场主体的壮大和多元化发展。积极引进国内外知名体育企业落户四川，积极培育扶持一批四川省本土体育企业，支持优势企业、优势品牌和优势项目在省内连锁布局，鼓励“走出去”跨省域拓展市场。支持四川体育产业集团发展成为“生态平台型龙头企业”，引导有实力的体育企业创建国家体育产业示范单位，鼓励有条件的市（州）加快组建本级体育产业集团，扶持民营体育企业和体育中介企业发展，培育一批细分领域的“专精特新”中小企业、种子企业、瞪羚企业、小巨人企业。积极制定有利于体育领域发展的贷款制度，解决中小微企业融资难的问题。鼓励和支持体育用品制造企业加强智能化运动装备的研发制造，推出科技感十足的运动装备，进一步提升体育用品服务水平。推动和支持各地区、各类型体育社会组织发展，适当放宽对基层体育组织的登记审核，缩短登记办理的周期。重点扶持一批运行良好、积极作为的基层体育组织，促进各类体育组织与体育企业合作，进一步规范体育组织的发展。

3.6.3 强化产业融合，延伸产业价值链

体育产业的高质量发展离不开产业的融合。体育产业作为市场潜力大，持续时间长的朝阳产业，需对产业链进行上下延伸，打造一批品牌产业，

进而产生更多价值。伴随国家的利好政策，“体育+”和“+体育”的融合迅速开展起来，一些产业借助体育的知名度、品牌价值、球迷黏性等来吸引消费者注意力，在此过程中体育也渗透进各产业中。鲍明晓指出，体育与其他产业的融合是必然之路，融合发展中形成优势互补，既找准自身发展定位，又解决其他行业的痛点。制度的保障和对体育产业的深度认知是产业融合有序发展的重要前提。

3.6.3.1 “互联网+体育”

国家层面提出的“互联网+”行动计划，推进互联网向各行业的渗透。体育产业结合自身特点，合理运用互联网技术，加强线上线下互动，创造更多的消费应用场景。目前职业体育与互联网的融合最为紧密，国内互联网巨头（腾讯体育、乐视、新浪等）布局体育市场，注入大量职业体育赛事。四川金强篮球俱乐部是四川目前知名度最高的职业俱乐部之一，在CBA公司的改革中，金强俱乐部取得长足的发展，与互联网的联合使俱乐部更具知名度，创造的经济价值逐年递增。四川省是多民族聚居地，民族体育丰富多彩，地方体育相关部门全方位谋划民族体育的传播途径，选择合适的互联网企业，拓宽传播途径，同时打造独特的体育赛事IP，或自创IP内容，满足球迷在不可抗的外界环境影响下有更多的体育消费资源和丰富产业盈利源。“互联网+”、物联网、区块链、VR 技术、人工智能、无人机等技术在体育产业领域的应用，加快推进体育产业数字化转型，推动体育产业在内容、形式、方法、手段等方面的创新。

3.6.3.2 体育健身运动休闲服务业

四川省在健身娱乐、运动康复、健康测评、健身场馆建设等体育服务具有广泛发展的基础，加之这些服务本身具有投资少、启动快、强渗透性、辐射广的特点，增强群众体育健身和消费意识，大力培育体育健身市场。加快形成门类齐全、协调有序、密切合作的体育健身服务产业群，引导大众体育消费，繁荣健身娱乐市场。首先，改建、新建体育场馆，大量建设城市绿道，打造15分钟身边健身服务圈；其次，引进企业资本，引导和鼓励社会力量投资兴办体育经济实体，共同打造运动休闲、餐饮娱乐的立体化消费形式，以满足消费者多元需求；最后，建立社会体育指导中心（站）和群众性体育协会等，为群众提供指导培训，如何使用器材、科学健身，引导群众深层次的体育消费。

3.6.3.3 体育彩票业

体育彩票市场的规范有序发展是体育产业繁荣发展的重要因素。政府层面要建章立制，加强对体育彩票行业的规范和约束，加强销售渠道建设的力度，做好以公益公信为核心的品牌形象。利用传统媒体和互联网新媒体等宣传资源，进一步扩大体育彩票影响。组建销售工作的开展，队伍建设和培训工作不容忽视，以能力假设为核心，全面提升队伍素质，不断推进行业廉政教育和思想作风建设，强化四川体彩队伍的责任意识和底线思维。针对市场的发展研发新的品种，创新销售模式，努力确保销量排名能位居全国前列。四川省体育彩票发行过程中，严格按照相关文件要求，做好规范发行工作、提高体育彩票发行效益。

3.6.3.4 体育旅游产业

四川省得天独厚的自然条件非常有利于体育旅游的发展，体育旅游是体育和旅游相互促进结合发展的一种形式，不仅能够给旅游景点带来更多的玩点，带动旅游景点的经济收入也更好地提升旅游景点的人气，也使体育得到发展。四川省要充分合理地运用自己的自然资源，不断发展体育旅游产业使体育经济得到更好的发展。如，在西岭雪山以滑雪项目和景点相结合。峨眉山的登山运动也是非常受欢迎。四川省旅游局还相继举行了“南国冰雪节”“金沙江国际漂流节”“剑门蜀道徒步旅游”。

3.6.3.5 体育用品制造与流通业

目前，四川省在体育制造与流通领域未形成竞争优势，发展速度缓慢。以市场需求为导向是提升四川省体育用品制造和流通业的规模水平和市场竞争力的关键举措。政府政策的扶持，打造一批“专、精、特、新、配”

中小体育用品制造企业，培育地区知名体育公司，形成品牌效应，推进具有地域特色的体育产业园区建设，进一步扩大体育产业集群，助推体育产业发展迈向新台阶。提供便捷的交通，保障体育产品对国内外的营销，拓宽营销领域，延伸产业价值链。

3.6.3.6 体育培训与教育

青少年体育参与受到政府的高度关注。“双减”政策的出台给青少年带来更多参与体育活动的时间。加快体育培训与教育的发展显得尤为重要。推动青少年文化学习和参加体育活动协调发展，提高体育在青少年教育中的比重。畅通学校与社会的合作机制，引进体育专业人士和培训机构为学校课外训练和竞赛提供专业化指导。鼓励各地体育基地、社会体育俱乐部、体育组织等开展青少年研学活动。鼓励和支持体育类专业院校大学生积极进行体育产业创新创业，运用所学的专业知识回馈社会发展。国内体育产业发展环境的优化使各行业迎来投资机遇，四川省体育培训市场主体和从业人员数量较多，青少年体育培训俱乐部如雨后春笋般大量出现。这种突然的爆发导致此类培训俱乐部存在提供的产品和服务质量不高、俱乐部内部管理机制不健全、对青少年身心健康及全面发展考虑较少、培训内容和方法不得当等问题，从政府行政部门、项目协会、俱乐部等层面规范青少年培训俱乐部的发展，为四川省体育培训与教育提供规范化发展路径。

3.6.4 依托大型体育场馆运营模式创新，推动体育场馆服务和体育场地设施建设

全面分析目前体育场馆运营模式，识别体育场馆价值链中的高利润区，创新体育场馆运营模式是扭转亏损局面的有效途径。大型体育场馆在完成服务社会的前提下，优化场馆资源配置，挖掘更多市场、发展多种经营增加收入，形成以副业助体的新局面，不断提升大型体育场馆的使用率和经济价值转化率。逐步完善政府部门对体育场馆公益性服务购买机制和标准，健全公益性开放评估体系。坚持公共体育设施的公益属性，加大公共体育

场馆免费低收费开放力度，扩大开放范围。推行场馆设计、建设、运营管理一体化模式，将办赛需求与赛后综合利用有机结合。加强场馆运营管理实体通过品牌输出、管理输出、资本输出等形式实现规模化、专业化运营。增强大型体育场馆复合经营能力，拓展服务领域，延伸配套服务，打造城市体育服务综合体。推进体育健身“一卡通”，创新体育场馆公共服务提供模式。同时，进一步发挥体育设施的社会服务功能，发挥市场的主体功能。建设布局合理、规模适当、功能齐全的体育设施应向社会全面开放，提供多样化的体育服务。职业体育俱乐部的运行需要与大型体育场馆合作来确保赛事的正常进行。四川省职业体育发展较好，有CBA联赛俱乐部、排球联赛俱乐部以及足球联赛俱乐部，但俱乐部在场馆运营方面能力欠缺，运营场馆并未作为俱乐部盈利的主要途径。四川金强篮球俱乐部在国家和地方政策的引导下，将打造赛事文旅中心，未来将呈现一种文、商、旅、体综合性消费新场景。这种模式可以在具备条件的市、县进行推广。建设一批符合实情的基础体育设施，切实满足人民群众生活水平和体育消费需要。

3.6.5 培养体育产业人才队伍

坚持“人才强体”，建立体育产业人才培养管理、选拔任用、奖励机制、流通机制等体系，培养高素质、高水平、复合型体育产业人才。培养体育经营管理人才需要按照产业发展的要求专业化、高标准、多形式去培养，一方面要完善体育产业人才培养体系，发挥普通高校在体育人才培养中的作用，完善相关人员的选拔、培训、使用制度，体育产业在职、在岗人员的培训制度，形成科学、合理的体育培训管理体系，开展各类职业教育和培训，不断提高在职、在岗体育产业工作人员的业务素质和经营管理能力[51]；另一方面需要打破固守思维，广纳人才，与体结合。鼓励退役运动员及从事体育的相关人士进入体育产业领域就业、创业、服务，加快推进人事、用工、分配制度的配套改革，推动用人单位与就业职工的双向选择。建立对体育产业人才的奖励机制，对做出突出贡献的体育人才进行表彰，调动人才参与体育产业发展的积极性和主动性。体育产业的发展符合新时代我国社会发展的要求，是建成小康社会道路上的重要构成要素。要持续深化体育体制改革，做好保障和推进工作，在工作中不断积累经验，有组织、有步骤地推进四川体育产业的快速发展。

3.6.6 加强体育竞赛表演业引领，促进体育服务业高质量发展

近年来，不同水平、不同层次、不同规模的体育赛事在四川省内举行，吸引了大量观众现场观赛，很大程度上带动了竞赛表演业的发展。下一阶段，四川省将持续举办大型、高水平商业赛事，提升办赛水平和质量，给观众带来良好的观赛体验，进一步带动全民参与体育活动、周边产业融合发展、赛事衍生产品消费等。依托现有资源优势和体育参与人群基础，打造一批自主品牌体育赛事，强化参与者的认同感，刺激人们体育消费意识。创新赛事运营模式，挖掘赛事 IP 蕴藏的经济价值。职业体育赛事因其精彩程度高、受众群体广、产业体系较为完善而成为竞赛表演业的核心产业，蕴藏巨大的经济价值，是促进竞赛表演业高质量发展的关键因素，也有助提升体育场馆服务业、体育中介服务业、体育用品及相关产品制造业等行业的发展质量。四川体育产业的发展必须着力提升职业体育赛事水平，大力发展竞赛表演业。积极探索职业体育市场发展问题和趋势，建立健全职业体育发展改革制度，鼓励和引导社会资本大量参与体育竞赛表演的运营中，参与承办省内高水平赛事和职业体育赛事，促使体育竞赛表演业持续规范化、制度化发展。培育一批符合四川特色的本土职业联赛，推进将国内比赛、世界大赛与职业联赛联动发展，不断拓展职业体育多样化、多层次、多领域发展空间，打响以成都蓉城、四川优必选等足球队和四川金强男篮、四川远达女篮、四川八大处排球等俱乐部品牌，打造一批明星队员和教练。近年来，承办过或即将承办一系列国际、国内大型体育赛事，为本地区群众提供更多的观赛平台，极大地促进地区全民健身事业的发展。在今后赛事运营中，创新盈利模式，强化与现代信息技术的深度融合，准确定位消费群体需求，不断开发赛事衍生产品，把赛事产品和服务质量努

力提高，重视消费群体的体验感和参与感，逐步将大众消费群体的注意力转化成体育消费行为。同时需要注意与我国体育发展的实际，积极吸取和借鉴国外的成功经验和做法，在举办商业赛事等方面，逐步构建体育竞赛中介服务机构和完善体育竞赛经纪人制度。

3.6.7 因地施策，深挖优势资源

四川素有“天府之国”的美誉，自然风景优美，众多的山川、河流为休闲体育产业的发展创造资源；四川是一个多民族聚集地，民族传统的体育活动为体育产业注入“新鲜血液”，同时，休闲娱乐的观念已经在四川人民的心中根深蒂固，这些都为四川休闲体育产业的发展创造了先决条件。（1）因地制宜，充分利用地区现有资源，与体育活动深度融合，整合开发形式多样，趣味性强，吸引人们参与的活动，如，多山地区因其周边的地形复杂多样，平地、山地、丘陵相互交错，可以开发定向越野项目。定向越野也是目前比较流行的户外活动。同时高山地区可以打造攀爬类运动。健身活动是人们普遍参与的活动，能在平原地区的公园等地开展，既锻炼身体，又修身养性。（2）四川省是多民族聚集地，各民族传统体育独具特色，与当地旅游深度融合，探索体育旅游新路径，可带动周边产业的发展。也可将每年大型的民族传统体育活动打造成品牌活动，成为地区旅游的一大特色，实施品牌战略，提升知名度。（3）充分利用交通便捷优势，盘活各地区资源。近几年，四川省公路、铁路、航空事业快速发展，已成为连接东西部的重要交通枢纽，可借此优势，形成互联互通的局面，提供便利的交通发展特色休闲产业，让更多的游客感受民族特色和休闲体育的魅力，进而促进全省体育产业的大发展。

3.6.8 加快创建体育产业示范载体，拓展产业发展新空间

四川省在国家体育产业发展大背景下，重视体育产业各类示范载体的创建，以此来拓展产业发展空间。四川省鼓励各地市州利用体育场馆、全

民健身中心、废旧厂房、城市体育公园等载体，构建体育服务综合体。如，四川省规划建设的四川金强国际赛事中心于 2019 年开工建设，旨在打造全国首个集大型体育场馆、健身、博览以及休闲式公园等为一体的一站式全能体育综合体项目。这也为四川省构建体育服务综合体提供了实践参考。体育产业基地作为体育产业重要的载体，是国家的重点培养和推广项目。四川省目前有成都西岭雪山景区——国家体育旅游示范基地、绵阳市北川县航空飞行营地——国家航空飞行营地示范单位、成都（温江）国家体育产业基地、茂县九鼎山国际高山滑雪场——国家体育产业示范项目，这些基地的建设为四川省体育产业发展提供了良好的载体，也为今后体育产业基地建设打下了坚实的基础。2017 年，国家公布的第一批运动休闲特色小镇中，四川省达州市渠县龙潭乡賨人谷运动休闲特色小镇、广元市朝天区运动休闲特色小镇、内江市市中区永安镇尚腾新村运动休闲特色小镇和白马关运动休闲特色小镇在名单之列，也可看出四川省在体育产业载体创新方面提前谋划。

各市州结合自身的特色，因地制宜地创建体育服务综合体、体育产业示范基地、体育产业创新试验区，不断提高产业集聚水平，发挥规模效应，拓宽产业发展空间。同时，加强体育产业示范载体的技术指导和服务，为消费群体提供良好的体育活动环境，增强人们的体验感。优化赛事传播途径，使精彩纷呈的体育赛事活动快速呈现在观众眼前。加强各类信息平台、技术平台、科技平台的建设，推动体育产业高质量发展。

4 结论与建议

4.1 结　　论

1. 国内东部部分省份和发达国家（美国、英国）体育产业发展区域成熟，体育产业市场主体多元化，产业体系完善，体育产业增加值稳步增长，对四川省体育产业的发展提供启示。

2. 对四川省体育产业的历史发展阶段进行梳理，可分为三个发展阶段，即起步阶段（1989—2000 年）、发展阶段（2001—2009 年）、腾飞阶段（2010 年至今）。

3. 四川省体育产业发展仍然存在：市场主体缺乏多元化、产业规模总量小、结构不合理、运营大型体育场馆能力差、法规政策缺失、体育产业高素质人才匮乏、自主体育产业项目品牌化程度低、体育产业竞争力不够、部分区域体育观念落后与产业意识不强等问题。

4. 未来发展中，体育产业结构和空间布局趋于合理化，大型体育赛事、体育彩票产业、体育用品产业、户外体育产业等将成为体育产业的重要因素，产业融合和区域协同向纵深发展，助力四川省体育产业形成竞争优势，呈现出持续、健康发展的局面。

4.2 建　　议

针对四川省体育产业发展现状和存在的问题，以价值链和供给侧结构性改革理论为逻辑起点，厘清四川省体育产业发展思路，分析四川省体育产业需求和供给情况，识别产业价值链的高利润区，适当衍生产业价值链，使体育产业渗透进更多产业，下面提出 8 点优化产业发展的路径对策。

（1）制定和完善体育产业的政策扶持和立法进程。以国家宏观政策指引为导向，充分进行市场调研，针对体育基础设施建设、体育投资、体育管理、场馆运营、体育税收、职业体育发展等精准施策，为体育产业的发展提供良好的外部环境。

（2）培育多元化市场主体。通过培育一批四川省本土体育骨干企业、大力支持中小微体育企业的发展、推动体育社会组织的发展等方式培育和壮大四川省体育产业市场主体，提升体育产业发展动能。

（3）强化产业融合，延伸产业价值链。体育产业市场主体主动调整产业价值链，适当地对产业价值链进行上下延伸，将四川体育产业与互联网、文化、旅游、彩票、教育等产业相融合互利发展。

（4）依托大型体育场馆运营模式创新，推动体育场馆服务和体育场地设施建设。全面了解目前体育场馆运营模式，判别体育场馆价值链中的高利润区，创新体育场馆运营模式是扭转局面的有效途径。

（5）培养体育产业专业人才队伍。新时期，人才资源是第一资源，培育大量体育产业专业人才，有助于提升产业核心竞争力，使体育产业持续高质量发展。

（6）加强体育竞赛表演业引领，促进体育服务业高质量发展。持续举办大型、高水平商业赛事，提升办赛水平和质量，给观众带来良好的观赛体验。在创新赛事运营模式中，挖掘赛事 IP 蕴藏的经济价值。职业体育是展示度高的产业，体育赛事表演能给球迷带来愉悦、刺激等精神享受，成为人们日常生活、人际交流的重要因素。这种潜移默化的渗透将极大地刺激球迷的体育消费行为，为体育产业市场带来巨大的潜力。

（7）因地施策，充分挖掘优势资源。四川省拥有丰富的自然和人文资源，因地施策，精准施策，充分发挥现有资源的最大潜能，丰富和完善四川省体育产业体系。

（8）加快创建体育产业示范载体，拓展产业发展新空间。四川省夯实体育产业综合体、体育产业基地和体育产业创新示范基地，拓展体育产业发展空间，为省内各地区体育产业提供样板和经验。

附　录　《四川省体育产业优化发展路径研究》访谈提纲

尊敬的专家您好！

我们正在做关于《四川省体育产业优化发展路径研究》的课题研究工作，针对研究过程中所涉及四川省体育产业发展的相关问题对您进行访谈，希望得到的您的支持和帮助，您的观点对于我们的课题研究工作非常重要。

感谢您的参与！

课题组成员

访谈的主要内容：

1．请您谈谈四川省体育产业发展的背景、历程及基本现状。

2．您认为现阶段四川省体育产业结构是否合理？若需优化，哪些方面亟待进行改善和调整？

3．请您谈谈四川省体育产业发展过程中，各产业融合发展的现状，以及四川省有利于体育产业发展的优势资源有哪些，哪些领域存在短板。

4．请您谈谈在国家政策利好，外部环境不断优化的时代背景下，四川省内体育相关企业如何顺势而为，加快发展的速度？

5．四川省体育用品企业在生产体育产品时，是否对消费群体进行准确定位？现阶段主要销售哪些体育产品？

6．请您谈谈职业体育俱乐部在市场运营中，是否制定运营战略？目前的经营团队是如何运营俱乐部？

7．四川省人口基数大，公共体育场所是否能满足人们的体育活动需求？政府在满足人民群众多元化体育需求方面应做出哪些努力？

8．请您谈谈四川省体育场馆建设的相关情况。职业体育快速发展的今天，政府层面怎样推动职业体育俱乐部来运营场馆？

9．请您谈谈制约四川体育产业发展的主要因素有哪些。

10．请您谈谈在社会经济快速发展，体育产业如何与其他行业融合发展，体育产业如何延伸价值链，拓宽经营领域。

11．成渝地区双城经济圈建设给四川省体育产业发展带来哪些机遇？

参 考 资 料

[1] 江小涓. 中国体育产业：发展趋势及支柱地位[J]. 管理世界，2018，34（5）：1-9.

[2] Vamplew. The Economics of a Sports Industry：Scottish Gate—Money Football[J]. Economic History Review，1982（35）：549-567.

[3] Ronald J.Huefner.Value-based pricing in professional sports[J]. Journal of Revenue and Pricing Management，2017，16（1）.

[4] Florian Hemme，Dominic G. Morais，Matthew T. Bowers，Janice S. Todd. Extending sport-based entrepreneurship theory through phenomenological inquiry[J]. Sport Management Review，2016（7）.

[5] Oga，J. Business Fluctuation and the Sport Industry in Japan：an Analysis of the Sport Industry from 1986 to 1993[J]. Journal of Sport Management，1998（12）：63-75.

[6] Steven Salaga，Rodney Fort. Structural Change in Competitive Balance in Big-Time College Football[J]. Review of Industrial Organization，2017，50（1）.

[7] Walker M，Kent A. Do Fans Care? Assessing the Influence of Corporate Social Responsibility on Consumer Attitudes in the Sport Industry[J]. Journal of Sport Management，2009，23（6）：743-769.

[8] Walters G，Tacon R. Corporate social responsibility in sport：Stakeholder management in the UK football industry[J]. Journal of Management & Organization，2010，16（4）：566-586.

[9] Vaidya S G，Vaidya J S，Naik U D. Sports sponsorship by cigarette companies influences the adolescent children's mind and helps initiate smoking：

results of a national study in India.[J]. Indian Medical Association. Journal，2000，97（9）.

[10] 杨强. 我国体育产业发展存在的问题及其解决对策[J]. 体育学刊，2012，19（4）：30-38.

[11] 黄海燕，张林，陈元欣，等.“十三五”我国体育产业战略目标与实施路径[J]. 上海体育学院学报，2016，40（2）：13-18.

[12] 张森木. 互联网+体育产业发展战略研究[J]. 体育文化导刊，2016（3）：121-124+166.

[13] 吕艳玲，宋述雄. 城市化进程中我国体育产业发展路径研究[J]. 西安体育学院学报，2017，34（1）：1-8.

[14] 赵勇. 新时代中国体育产业发展战略路径和对策措施研究[J]. 体育文化导刊，2018（3）：1-7.

[15] 王兴怀，朱亚成.“一带一路”背景下环喜马拉雅体育产业发展战略研究——以西藏体育产业为例[J]. 西藏民族大学学报（哲学社会科学版），2018，39（5）：163-168.

[16] 钟华梅，陈立，许寒冰，等. 区域体育产业的专业化与同构化对区域体育产业发展的影响：基于中国 18 个省份的实证研究[J]. 首都体育学院学报，2021，33（4）：438-446.

[17] 廉涛，黄海燕. 长三角体育产业一体化发展的空间结构研究[J]. 体育科学，2020，40（10）：21-30.

[18] 周良君，丘庆达，陈强. 粤港澳大湾区体育产业空间关联网络特征研究——基于引力模型和社会网络分析[J]. 广东社会科学，2021（2）：100-108.

[19] 陈林会，刘青. 成渝地区双城经济圈体育产业融合发展研究[J]. 经济体制改革，2020（6）：57-63.

[20] 李艳荣，张长念. 区域协同发展战略下京津冀体育产业一体化发展研究[J]. 广州体育学院学报，2019，39（1）：40-44.

[21] 卢金逵，倪刚，熊建萍. 区域体育产业竞争力评价与实证研究[J]. 体育科学，2009，29（6）：28-38.

[22] 汪晓琳，胡安义. 体育文化产业竞争力区域差异的实证研究[J]. 武汉体育学院学报，2013，47（1）：49-57.

[23] 任波，夏成前. 中国体育产业竞争力与经济发展关系的理论与实证研究[J]. 上海体育学院学报，2016，40（3）：23-29.

[24] 孙玉金. 我国省域体育产业可持续竞争力评价模型及应用研究[J]. 成都体育学院学报，2017，43（5）：68-74.

[25] 云峰. 我国体育产业核心竞争力发展策略研究[J]. 广州体育学院学报，2019，39（2）：61-63.

[26] 曾鸣. 我国体育事业投入与经济增长的关系研究[J]. 统计与决策，2013（22）：134-135.

[27] 肖琴，汤长发. 体育财政投入对经济发展水平影响的门槛效应——基于 PSTR 模型的分析[J]. 财经理论与实践，2018，39（6）：69-74.

[28] 张易，税雅兰. 经济增长与体育事业支出的关系研究[J]. 四川体育科学，2018，37（1）：5-10.

[29] 江小涓. 职业体育与经济增长：比赛、快乐与 GDP[J]. 体育科学，2018，38（6）：3-13.

[30] 柳畅，李燕领，邱鹏，等. 我国中部地区群众体育事业财政投入效率研究——基于 DEA-Malmquist 模型[J]. 成都体育学院学报，2019，45（3）：43-50.

[31] 姜同仁. 新常态下中国体育产业政策调整研究[J]. 体育科学，2016，36（4）：33-41.

[32] 余守文，肖乐乐. 政策工具视角下中国体育产业政策文本量化分析——以国务院 46 号文为例[J]. 体育学刊，2018，25（4）：21-27.

[33] 龙盈利. 我国体育产业政策有效性研究——以〔国发（46 号文件）〕为例[D]. 广州：华侨大学，2018.

[34] 林建君，李文静. 我国体育产业政策效应的评价研究[J]. 体育科学，2013，33（2）：22-29.

[35] 易剑东，袁春梅. 中国体育产业政策执行效力评价——基于模糊综

合评价方法的分析[J]. 北京体育大学学报，2013，36（12）：6-10+29.

[36] 郭凡生，王伟. 贫困与发展[M]. 杭州：浙江人民出版社，1988：2-3.

[37] 张爽，胡瑞文. 中国体育人力资源现状及未来发展策略——基于人口普查和教育事业库平台数据的实证分析[J]. 成都体育学院学报，2014，40（5）：6-12.

[38] 李颖川. 中国体育产业发展报告（2020）[M]. 北京：社会科学文献出版社，2021.

[39] 席玉宝，袁铜墙. 我国体育用品市场调查研究[J]. 安徽师范大学学报（自然科学版），2007（3）：415-420.

[40] 聂靓. 收益共享契约下体育用品流通双渠道供应链博弈分析[J]. 商业经济研究，2019（18）：180-182.

[41] 谭建湘，邹亮畴，张宏，等. 我国体育中介市场现状与对策研究[J]. 广州体育学院学报，2004（5）：5-8+12.

[42] 史小强. 美国公共体育服务体系研究[D]. 上海：上海体育学院，2014.

[43] 任波. 中美体育产业发展的外部环境比较研究[J]. 体育文化导刊，2018（2）.

[44] 金雪涛，于晗. 英国体育赛事转播权营销分析[J]. 体育文化导刊，2011（9）：88-92.

[45] 党挺. 英国户外休闲产业发展经验及其启示[J]. 体育文化导刊，2016（8）：147-151+173.

[46] 谢晖，赵琼. 伦敦奥运会英国体育政策研究[J]. 体育文化导刊，2014（1）：24.

[47] 徐通. 英国福利制度与大众体育政策演变[J]. 体育文化导刊，2008（4）：110-111.

[48] 四川省体育局. 四川省体育发展“十四五”规划[EB/OL]. http://tyj.sc.gov.cn/sctyj/ghjh/2021/11/26/a174c2297387416385377d3cbac6fef9.shtml.

[49] 国家体育总局体育经济司. 新中国体育产业工作发展研究[J]. 体育文化导刊，2019（10）：8-18.

[50] 付东，李旻. “一带一路”背景下四川省体育产业发展路径研究[J]. 成都体育学院学报，2021，47（4）：93-99.

[51] 李龙. 我国体育产业发展问题的伦理审视[D]. 长沙：湖南师范大学，2017.

[52] 蒋晓薇. 资源配置视域下的四川省大型公共体育场馆困境与出路研究[D]. 成都：成都体育学院，2014.